今日こそ 自分を 甘やかす

根本裕幸
Nemoto Hiroyuki

大和書房

まえがき

カウンセリングやセミナーでお会いする人は社会的にもきちんとしていて、日常生活もそれなりに充実されている人ばかりです。

しかし、なぜか「幸せを感じられない」とおっしゃります。

もちろん事情は様々で、仕事やパートナーシップや家族などで何か問題を抱えているわけですけれど、少しお話を聞かせていただくとあることに気づかされるのです。

それは、「自分にとても厳しい」ということ。

人には優しく寛容でありながら、自分自身に対しては常に鬼教官を従えているかのように厳しく接しています。

どれだけ頑張っても自分を認められないし、素晴らしい魅力や価値を持っているのに全然それらを受け取れない……。

周囲から信頼されているのにその実感に乏しく、「今の自分ではまだまだダメだ」「もっと頑張らなければ」「もっとちゃんとしなければ」と自分にプレッシャーをかけているようなのです。

「これくらいできて当たり前なのに、できない自分はダメだ」と思うこと、ありませんか？

「周りの人がふつうにできていることなのに自分はなぜできな

いんだ」と自分を責めることはありませんか？
「それくらいで満足してはダメだ。もっと頑張らねば」と、他人から評価されているにもかかわらず、自分にムチを入れてしまうことはありませんか？
こうあるべきという理想を追い求め、今の自分を否定してしまう理想主義者。
なんでもちゃんとしなきゃと思う完璧主義者。
周りの人の期待に応え続けようとする優等生。
……あなたの行動や気持ちに、そんな傾向はありませんか？
あるいは、「大丈夫！」が口癖になって一人で頑張りすぎたり、周り（社会）の目を気にして自分を抑え込んでしまったり、自分を過小評価しすぎて自分に自信が持てなかったりすること、ありませんか？
本書はそんな「自分に厳しすぎる」人がもっと力を抜いて、自分らしく幸せを感じられるようになるあり方・やり方を紹介させていただくものです。

書きあがった原稿を読み返しながら、「明らかに、昔の自分に対して話しかけている言葉だよな」と思う箇所が、いくつもありました。
私自身、自分に厳しすぎる人でした。
もう過去形にしてもいいと思いますが、この本に書いたような話はほとんどすべてが自分にも当てはまることなのです。

現状に満足せずに常に向上することを求めていた、というと聞こえはいいのですが、「現状否定の法則」にすっかりハマっていました。

成果を上げても満足できず、もっと成功している誰かと自分を比べて今の自分を否定していましたし、常に理想を掲げてそれができていない自分にダメ出しをしていました。

誰かから評価されてもその言葉を受け取らずに「自分はまだまだ甘い。気を抜いたらダメだ」と自分にムチを入れていました。

今から思うと昔の自分は肩に力が入っていてすごく硬かったな、と思うんです。

とはいえ、その当時の自分が頑張ってくれたからこそ、今の自分があるわけです。そう思えるようになるにはけっこうな年月を必要としました。

そんな自分に厳しすぎる私が転機を迎えたのは、仕事で燃え尽きかけて自分は何がしたいのか分からなくなった10年ちょっと前のことでした。

カウンセラーになりたくて、セミナーがしたくてこの仕事を選んだのに、目標もやる気も見失ってしまっていたんです。

そして、ちょっとやさぐれているようなときに家族やお金の問題が勃発して「何とかしなければ！」というモードになり、何度目かの人生変革期に入りました。

私は自分にある程度自信があると思っていたのですが、実は自己肯定感が意外と低いことに気づいたのもその頃。

当時の生き方･働き方は、のちに私がライフワークと呼ぶ「自分らしい幸せな生き方」からは程遠いものでした。

そこには理想主義で、完璧主義で、周りの目を気にする優等生な自分がいたんです。

だから、そんな自分を手放すべく、自分を甘やかしたり、サボることを覚えたり、どちらかというと怠け者になることを目指しました。

その効果かどうか、**最近は仲間内やお客様からは「いつも『しゃあないよねー』って言ってるゆるい人」と認識されるようになりました。**

今の私は自然体で生きること、自分の気持ちを優先すること、人に頼るところは頼ること……などを大事にできています。

一方で、「頑張るときは頑張る！」とメリハリを付けることができるようになってきました。

そんな自分の人生をなぞりながら、また、私のクライアントさんたちの経験も交えながら得てきた学びをまとめたのがこの1冊です。

「これ、自分がふだんカウンセリングやセミナーのお客様たちに常々言ってることを総まとめしているな」と感じました。

この本を手元に置いておけば根本のカウンセリングは必要ないとも言えるのです（それは自ら営業妨害をしているような気もしなくもありません笑）。

この本では自分に厳しすぎる具体的な例を紹介し、その原因について心理学的に言及します。

その上で、どうしたらその厳しすぎる基準をゆるめて、自分を甘やかせられるかを具体的にご紹介します。

また、項目ごとにとても簡単な質問やワークを付けています。一つひとつ取り組んでいくと、読み終わる頃には自分の中に変化を感じられることと思います。

ここまで読まれて共感された人は、きっと私や私のクライアントさんたちと似た人かもしれません。

ぜひ、自分を甘やかすことを覚え、楽に、自分らしく、ワクワクした人生を送れるよう、この本をお役立ていただければと願っています。

2021年11月　根本裕幸

Contents

まえがき …… 003

Chapter 1 あなたは自分に厳しい？ それとも甘い？

- 自分に厳しすぎる“修行僧”になっている …… 014
- 気づくと「幸せ」と思えなくなっている？ …… 019
- 「基準」や「暗黙のルール」にがんじがらめ？ …… 022
- 心を窮屈にする「目」に気づいて …… 025
- 「チャレンジする自分」を応援できなくなる …… 028
- いつのまにか自分の気持ちを後回し …… 032

- 観念(ビリーフ)に支配される私たち ―― 035
- 誰かの期待に応え続けていませんか? ―― 039
- マジメほどしんどいのは、なぜ? ―― 042
- 自分に厳しくなるほど、ずっと不満足 ―― 044
- 完璧を求めるなら「今のベスト」で ―― 048

Chapter 2 自分に厳しい人の「心のクセ」

- 人にはいくらでも優しくできるのに…… ―― 054
- 他人が持っているものにだけ、価値を見出せる ―― 057
- 自分のことをつい粗末に扱ってしまう ―― 059
- 「幸せになるには条件がある」と思いがち ―― 062

● 負けたくない気持ちが、つらさに拍車をかける 065
● 人といるときに出てくる「心の鬼教官」 069
● 自分の価値や成果を「受け取れない」問題 074

Chapter 3 ひとつずつ、自分に優しくしていく

● 体調も気分も、いつも違って当たり前 080
● やるべきことも、できないときがあっていい 085
●「今日は頑張るぞ」と考えない 088
● 自分の「身の程」を知っていますか？ 092
● 心にハッパをかけるのをやめる 095
● 負けを認めることが負けじゃない 099
● どこまでも自分に素直になること 105

好きなものは好き、嫌いなものは嫌い 108
良い・悪いの判断を捨ててみる 112
「自分はダメなところばかり」と思っていない？ 117
「自分の価値」に実感を持つには 120
他人と比べるクセを卒業する 124
自分を傷つける罪悪感をほどくために 128
「これが今の自分」でいい 134

Chapter 4 自分を甘やかすほうが、幸せへの近道

短所を直すのを、あきらめる 142
忙しすぎる頭の中を怠けさせて 146
しなきゃいけないことは「しなきゃいい」こと 151

● しなきゃいけないことをやるときは、
自分の「褒めチャンス」 154

●「マイペース」とは自分を
ご機嫌にするルールを持つこと 160

● 自分を甘やかせないなら、わざと緊張させてみる 163

● 自分のミスをクスッと笑ってみる 167

● 心がギチギチしたときこそ遊んでみよう 172

● 思いついた「わがまま」は外に放っていい 176

● 人に迷惑をかけた分だけ、感謝すればいい 181

● 怒りを感じることに戸惑わないで 184

● 二言目には「助けて」と言えるように 188

●「人に頼る・お願いする・甘える」を使命とする 192

● 幸せは「勘違い」が作ってくれる 195

Chapter

1

あなたは
自分に厳しい？
それとも甘い？

自分に厳しすぎる
“修行僧”になっている

セミナーで「この中で、自分に厳しいと思う人はいますか？」と問いかけると参加者のうちだいたい３～４割くらいの人たちが手を挙げてくれます。

続いて「じゃあ、自分に甘いと思う人は？」と呼びかけると今度は２～３割の人が手を挙げてくれます。しかも、なぜかちょっと遠慮気味というか、申し訳なさそうに。

それを見た私はこう続けます。

「ありがとうございますー。最初に手を挙げてくれた方はめちゃくちゃ自分に厳しすぎる人で、次に手を挙げてくれた方は自分に相当厳しい人ですね！　で、手を挙げなかった方は自分に厳しすぎて訳が分からなくなってる人ですね！（笑）」と。

そして「結局、みなさん、自分に厳しいんですよー」と話を結びます。

じゃあ、そんな質問するなよ！　と思われるでしょうが、自分が「自分に対して厳しい」と思っているのか、自分に対して甘い」と思っているのか、それともよく分からないのかを自ら認識していただくための質問なのです。

日本人は総じて自分に厳しすぎる人が多いといわれていま

す。セミナーを行っていても、実によく感じることです。
「きちんとしている」「しっかりしている」「まじめ」「いい子」「優等生」「完璧主義」……そうした言葉で形容される生き方をしている人がとても多いのです。

また、理想主義といって「ほんとうは○○でなければならないのに自分は全然ダメだ」と自己嫌悪している人もたくさんいます。

なにせ日本は世界でも圧倒的に自己肯定感が低く、自己嫌悪の強い国民性なのです。

セミナーでは、違う質問をすることもあります。
「この中で英語を話せる人って、どれくらいいらっしゃいます？」

すると東京の受講生さんでは２〜３割くらいの人が手を挙げてくれます。そして、その人たちにインタビューすると「帰国子女」だったり、「外資系企業で働いている」だったり、「留学経験がある」だったり、といった経歴が披露されます。

みなさん、素晴らしい経歴とスキルの持ち主です。

少し前の話ですが私がたまたま見ていたテレビで、タイの若者にインタビューする映像が流れていました。

タイの街中で日本のテレビディレクターが若者たちに囲まれているなか、「この中で日本語しゃべれる人っていますかー？」

と質問していました。

初めはシーンとしていましたが、通訳が質問をタイ語に訳すと彼らは次々に手を挙げて「オレ、日本語、話せるぜ！」アピールをしているのです。

そもそもほんとうに話せるなら通訳の言葉を待たずに手を挙げるはずですよね？

そして、テレビディレクターが「じゃあ、何か日本語をしゃべってください！」と一人の若者を指名すると、その彼は臆することなく「スシ！　フジヤマ！　テンプラ！」とドヤ顔で叫んでいました。周りの若者たちは口々に「お前、すげーなー！」と彼を賞賛していたのです。

極端な例かもしれませんが、これが、「自分に厳しすぎる人」がその悩みから抜け出す大きなヒントだと思います。

「自分に厳しすぎる人」は、次のような考え方に陥りがちです。よくよく読むと無理難題だと気づくはずです。

■「英語を話せる」と堂々と言うためには、日常会話は問題なくできて、TOEICは800点くらいあって、ビジネス英語もそれなりにこなせるレベルじゃないといけない。
■「料理が上手」と言うためには、ミシュランの星の1つくらいは必要だ。
■「仕事がデキる」と自信を持つには、社長賞を連続3回くらい取っていないとダメだ。

これは、私たちが「自分に厳しすぎる」（正確には「厳しい基準を持っている」）証拠です。

先ほどのタイの例で「スシ！　フジヤマ！　テンプラ！」を言えれば日本語を話せる……とするならば、あなたは何か国が話せると思いますか？

英語なんてお手の物で、フランス語、ドイツ語、イタリア語、スペイン語、中国語、韓国語など、メジャーな言語はけっこう話せると思いませんか？

じつは、それでいいんです。

私たちは自分にとても厳しい。

そして、私たちの周りの人たちも自分に厳しい。

だから、なかなかその事実に気づくことはできません。

しかも、ちょっとでもサボったり、弱音を吐いたりすると誰かが「お前は自分に甘い！」と言ってきます。

それはまるで厳しい修行を重ねて悟りを得ようとする修行僧か、規律を非常に重んじる軍人かのようです。

もちろん、あなたが「悟りを開きたい」という強く願って山にこもったり、滝に打たれたりしているのであれば自分に厳しくても構わないかもしれません。

しかし、そんなつもりもなく、ふつうに幸せになりたいと願うのであれば、あなたの持っている「基準」は自分の首を絞めるばかりになってしまいます。

Question

あなたは自分に厳しすぎると思いますか？
それとも甘いほうだと思いますか？

気づくと「幸せ」と思えなくなっている？

さまざまな調査で日本人の幸福度が低いことは皆さんもネットや雑誌の記事でご存じかもしれません。

日本に住む外国人、あるいは、外国で暮らしたことのある人が「なぜ、日本人はそんなに幸せそうじゃないんだろう？」と疑問に思うことが多いそうです。

水道水が飲め、仕事もあり、街には美味しいお店がたくさんあり、コンビニでは必要なものがすぐに手に入り、総じて人は優しく穏やかで暴動もほとんど起こらず、教育も均等に受けられ、安全な家に住み、日本の多くの場所が夜、一人で歩いていても安全です。

もちろん、昨今は貧困も社会問題化しており、貧富の差が広がっている部分もありますが、そのような恵まれた環境にあっても堂々と「私、幸せです！」とニコニコしながら言える人って多くありません。

「どちらかと言うと、幸せだと思います」
「きっと私は幸せだと思うんです」
「ほんとうはすごく恵まれているし、幸せを感じなきゃいけないんですが」

そんな声をカウンセリングの現場でもよく耳にします。

「そう思うってことは、素直に幸せを感じられていないんですよね？」

私はそう聞き返すものの、それも「自分に厳しすぎる」という視点から見れば無理のない意見なのかもしれません。

「英語が話せる」と同様に「幸せと言えるためには」という厳しい基準を私たちは持っています。

こうした心理の裏には後にお伝えする「社会の目」や「理想主義」などが影響していることが多いものです。

「私、幸せなんて言っちゃって、周りの人から嫉妬されたらどうしよう？ 『あなた、ほんとうに幸せなの？』とツッコまれたらどうしよう？ だったら、幸せだなんて思わないほうがいいよね」

「幸せって言えるためには、家族が仲良くて、仕事がデキて、お金にも不自由しなくて、暮らしやすい家に住んで、友達もたくさんいて、という状態じゃなきゃダメだよね。今の私なんかはとても幸せじゃないな」

などのように思っているのかもしれません。

そうして、「幸せ」を感じる基準を無意識に高く設定していたら、自分が幸せを感じることを自分に許可できなくなりますよね。

Question

あなたは「今、幸せです！」と素直に感じられるシーンが、最近ありましたか？
それとも「きっと人から見れば幸せなんだろうけど……」と口ごもってしまいますか？

「基準」や「暗黙のルール」に がんじがらめ？

自分に厳しすぎる人たちは様々な点で「厳しい基準」を自分に設けています。また、社会的な“暗黙のルールやマナー”に支配されてしまうことも多いと思います。

しかし、本当の問題は「厳しすぎる基準を持っていることに、自分が気づいていない」ということです。

カウンセリングではクライアントさんに色々と質問させていただいて、その心の内をつまびらかにしていくのですが、そこで「自分では気づかない基準」を当たり前のこととして捉えていることがとても多いものです。

あるクライアントさんとのやり取りを紹介しましょう。

30代で夫婦関係に問題があってカウンセリングを受けてくださいました。その中で「もっと女性らしさを前面に出すために、結婚前に好んで穿いていたミニスカートを、もう一度穿いてみるのもいいのでは？」という話になりました。

しかし、彼女は「この年でミニスカートを穿くのはちょっと……」と躊躇《ちゅうちょ》しています。

「30代で結婚していれば、もうミニスカートなんて穿いてはいけない」という基準を彼女は無意識に持っていたようです。

「趣味じゃない」「もう好きじゃない」という理由ならばさておき、「30代だから」「結婚しているから」というのははたして彼女の本音なのでしょうか？

知らず知らずのうちに周りの人の目を気にし、同調してしまっているのではないでしょうか？

私の住む大阪には「ボケたらツッコむ」という“暗黙のルール”があります。私は大学生になってから大阪に来たのでそのルールにうまく乗れなかった時期があります。

すると自宅から通っている友人たちは何かの拍子に「ボケたんやからツッコまな！」とツッコんでくるわけです。事実、大阪人同士の会話はほんとうに面白くて、いつも笑っていましたが、いざ自分がその中に入ると途端にプレッシャーを感じていました。

「自分は面白いことを言えない。相手がボケてもすぐに反応できない。だから、自分はつまらない奴なんだ……」

そう思い込むのに時間はかかりませんでした。

その後、いろんな人と出会うにつれ、関西出身以外の同級生は少なからず同じ思いを持っていることが分かっただけでなく、地元出身の友人も「それが長年のコンプレックスで……」と語ってくれたこともありました。

場を盛り上げたり、楽しんだりするためにボケとツッコミが存在するわけですが、それを“暗黙のルール”として強いられて、心が縛られるととても窮屈な思いをしますよね。

こうした「基準」や「暗黙のルール」は自分の内側にも外側にもものすごくたくさんあります。そこで自分がふだん何気なく口にしている「こういうときはふつう○○するものだよね？」とか「△△するのって当たり前じゃない？」、「これくらい常識だよね？」という言葉に注目してみましょう。

その多くが自分で自分に課している基準だったり、暗黙のルールだったりするものです。

もし、あなたが今、閉塞感や窮屈さを日常的に感じているのならば自分の中にたくさんの基準や暗黙のルールがあってがんじがらめになっているのかもしれません。

まずはそのことに気づいていただけたらと思うのです。

Work

起きてから寝るまでの日常生活のなかで、あなたの「基準」や、無意識に従っている「暗黙のルール」を、意識的に探してみましょう。

心を窮屈にする「目」に気づいて

日本人は他人の目をすごく気にすると言われます。人にどう思われ、どう見られるか……つまり世間体をすごく気にします。

先ほどの「30代でミニスカートを穿くのは抵抗があります」とおっしゃった彼女も、ミニスカートが嫌いなのではなく、「ミニスカートを穿いた自分が周りからどう見られるか？」を気にして、精神的に抵抗を覚えていました。

新型コロナウイルスの流行でみんながマスクをするようになりましたが、あるアンケートでは「必要だと思ってマスクをしている」というよりも「みんながしているからマスクをしている」という人が圧倒的に多かったようです。

最近でも「いい歳して未婚なんて恥ずかしい。近所の友達に『○○ちゃん、結婚はまだなの？』と言われるたびにほんとつらいのよ」と親に言われた人をカウンセリングしました。

彼女は仕事と趣味に夢中になっているうちに年を重ねていたのですが、そんな自分を母親は応援してくれていると思っていただけに、世間体を気にしたその言葉にすごくショックを受けたそうです。

他人の目を気にしたり、世間体を気にしたり……つまり、「社会の目」を恐れているのです。そして、この社会の目はあなたの中に「恥の概念」を創り出します。

社会の目を行動の基準にし始めると「周りからどう見られるか？」「周りから否定されないか？」ということがすごく気になります。

「こんな行動をして大丈夫か？　みんなに笑われない？」

「もし失敗したらみんなにバカにされないか？」

「自分はこう思うんだけど、もしかしたら炎上するかもしれない……」

などと思って自分の言動を自ら制限し出します。**そして、自分の言動をかなり厳しく自分で監視するようになるのです。**

それでは全然自由は感じられませんし、幸せではありません。

いちいち社会の目を基準にして行動するわけですから、「無難」「ふつう」「害のない」アクションしか取れなくなるのです。

さらに、社会の目を気にした行動はストレスが溜まります。そのストレスのはけ口はどこに向かうと思いますか？

「自分はちゃんとしてるんだからお前もちゃんとしろよ！」

こんな風に、相手にも自分と同じような行動を求めるようになります。

また、自分の基準から外れる人たちに意味なく攻撃を仕掛けます。いわゆる「炎上」するわけです。「同調圧力」という言葉もコロナ禍ではよく耳にしますね。

「みんなが我慢してるんだから、お前も我慢すべき」

これもまた暗黙のルールの一つですが、これを生み出すのが社会の目というわけです。

Question

周りからネガティブに思われないように気を付けていることは何でしょうか？ それはあなたの生き方を窮屈にしていませんか？

「チャレンジする自分」を応援できなくなる

社会の目を気にしながら生きることは、自分の思いよりも周りの目を気にする「他人軸」な生き方になります。

やりたいことがあっても、それが人に批判されそうだと思ったらやらないようにします。

チャレンジしたいことがあっても、失敗して周りから批判されたり、笑われたりすると思えばチャレンジしないようになります。

あるクライアントさんは、20代後半でかねての夢を叶えるために国家資格にチャレンジしました。学生時代に目指していたけど当時は自信もなく、またバイトに遊びに明け暮れていたので一旦はあきらめてしまったそうです。

けれども、社会人になり仕事をしていくなかで、どうしてももう一度チャレンジしたくなってきたのですね。

そのことを周りの人たちに相談したところ、思ってもみない反対の声が上がったと言います。

「そんな一流企業にせっかく就職したのに辞めてそっちの道に行くの？　もし失敗したらどうするんだよ」

「今からその資格を取るまで何年もかかるんでしょう？　その

間の生活とかどうするの？　せっかくいい給料もらってるのにもったいないよ」

「その年で資格にチャレンジするのは立派かもしれないけど、年齢が行き過ぎてると思わない？　今の仕事を続けてたほうが幸せだと思うよ」

その声の中には親からのものもありました。

また当時勤めていた会社の上司や同僚からのアドバイスも否定的な意見で占められていたそうです。

「せっかくお前には期待していたんだけどな。そうか残念だな」と吐き捨てるように言った先輩もいたそうです。

応援してくれる人もいなくはなかったそうですが、反対意見が大勢を占めていて、彼はさすがに心が折れかけたそうです。

しかし、どうしても夢をあきらめきれずにチャレンジし、数年後、見事合格しました。

そのとき、彼のチャレンジを否定した人たちは手のひらを返して喜んでくれた人がほとんどだったそうです。その様子に彼はまた複雑な気持ちになったと言います。

彼は社会の目を突き破ってチャレンジを成功させましたが、**「もし、失敗していたらどれだけ笑われるか、何を言われるか、そっちのプレッシャーのほうがずっときつかったです」**と笑顔で語ってくれました。でも、彼のその気持ちもまた「社会の目」

を意識したものと言えるのですけどね。

社会の目は同調圧力を生み、チャレンジすることや冒険心を抑圧しようとします。

彼はそこを突き抜けたわけですが、実は多くの人が知らず知らずのうちに社会の目からの圧力に屈し、夢をあきらめてしまう経験をしています。

そうすると、自分が夢をあきらめた分だけ、夢にチャレンジしようとする人に「嫉妬」を覚えるんですね。

この嫉妬心ってすごくイヤな感情です。できれば感じたくない感情でしょう。そのためには他人のチャレンジをあきらめさせたらいいのです。

「俺も夢をあきらめたんだから、お前もあきらめたほうがいいよ」と。

これが、彼が国家試験にチャレンジしようとしたときに周りから起きた否定的な反応の正体です。

社会の目を気にし、暗黙のルールにしばられ、その結果、自分がやりたいことをあきらめた分だけチャレンジができなくなると同時に、チャレンジする人たちを応援できなくなる人、つまり「ドリームキラー」になってしまうのです。

これって、とても切ないことだと思いませんか？

あなたはチャレンジしようとしている人を素直に応援できますか？

それとも否定したり、バカにしたり、見ないようにしたりする自分はいますか？

Question

あなたが今、社会の目を気にしてチャレンジしないようにしていることはどんなことですか？
また、過去のあなたにそのような経験はありませんか？

いつのまにか
自分の気持ちを後回し

先ほど「他人軸」という言葉が出てきましたので、少しここで触れておきたいと思います。

自分よりも他人を優先したあり方のことを「他人軸」と言います。反対の言葉は「自分軸」と言います。

他人軸になっているときは、主に次のような行動・思考を取るものです。

■何かしようと思ったときに周りの人にどう思われるかを気にしてしまう。
■嫌われないように、バカにされないように行動してしまう。
■自分の気持ちよりも、周りの人の気持ちを優先してしまう。
■誰かの期待に応えることばかりしてしまう。
■いい人に思われたいがために、したくないことも我慢してやってしまう。（犠牲）
■自分の考えよりも、周りの人の考えを優先してしまう。
■孤立しないために、周りの人に合わせる行動をとってしまう。
■話の主語がよく「私は」ではなく自分ではない誰かになっている。

これらは、つまり「自分＜他人」というあり方です。

無意識のうちに自分よりも他人を優先してしまうのです。**この「他人」というのは人だけではなく、「会社」や「お金」「仕事」なども当てはまります。**

そうすると自分の感情や考えは後回しになってしまい、周りに合わせるばかりの依存的な行動になり、主体的な行動ができなくなります。なので、とてもストレスが溜まり、疲れやすくなります。

この「他人軸」が習慣になると、自分の気持ちや考えを見失うようにもなります。「自分の気持ちが分からない」「自分が何をしたいのかが分からない」という風に……。

自分が持っている厳しい基準の中には「他人軸」から生まれたものも多く、そして社会の目や暗黙のルールは「他人軸」そのものです。

だから、私は「自分軸」に移行することを提案しています。

「自分軸」と言っても「周りの意見は無視して自己中心的になれ」というわけではありません。まず「自分」に意識を向けることを言います。

自分の気持ちをちゃんと受け入れ、その上で、他人の気持ちを考えるのです。

自分の考えや価値観を踏まえ、その上で、相手の意見を聞くのです。

「あの人は○○だと言っているけれど、私は△△という考えなんだよね」という風に、自分とあの人の間にきちんと線引きができるようになります。
「他人軸」な人はその順番が逆になってしまっているのでしんどいのですね。

Question

「いま自分がいちばんしたいこと」を、すぐに答えられますか？

観念（ビリーフ）に支配される私たち

この私たちが持っている厳しい基準や無意識に従っている暗黙のルールのことを、心理学では「観念（ビリーフ）」と言います。

私は「自分ルール」とか「思い込み」と呼ぶこともあります。

この「観念」は私たちの中に少なくても数千個はあると言われています。そのなかにはよい観念もある一方で、自分自身を制限し、自由を奪うものもたくさんあります。

観念はその多くが「心の傷」から生まれます。**痛い思いをした分だけ、もう二度と傷つかないように「観念」という名の鎧《よろい》をまとうわけです。**

人に裏切られてつらい思いをした人は、「人を信じてはいけない」と心に誓います。

失敗したことを笑われてイヤな思いをした人は、「二度と失敗しないようにしなければ……」と思うようになります。

学歴を否定されて傷ついた人は、「所詮、世の中は学歴主義だよ。低学歴な自分は認められない」というルールを作ります。

「もういい年なんだから」と誰かに言われて傷ついた人は、「やっぱり若くなきゃダメなんだよね」と決め付けるようになります。

また、この「観念」は自分が体験したことにとどまらず、目にした他の人のふるまいから作り出したり、周りの人から言われた言葉（観念）をそのまま自分にインストールしていることもあります。

「両親がいつもお金で苦労していたので、お金さえあれば幸せになれる」という思い込みを持ったまま大人になり、両親同様お金の問題を抱える人もいます（自分のものではなく親の体験を見て身に付けた観念）。

「お母さんがお父さんとの関係に苦労していて『あんたはもっといい人と結婚しなきゃダメよ』とよく愚痴をこぼしていました」というクライアントさんは、その言葉に縛られてなかなか婚活がうまく行っていません。

こうした観念は大小さまざまなものがあるのですが、傷ついてつらい思いをした分だけ、この観念もまた強くなるので、私たちの行動や思考がどんどん制約を受けることになります。

つまり、観念が多く、そして強いほど、自由を感じられません。

こうした観念があると「こうしなければならない」「そうすべきでない」「そんなことをしたらダメだ」といった厳しい言葉が出てくるようになります。皆さんの周りにもそんな観念を無数のように持っている人はいませんか？

「毎日、朝昼晩の食事を作っている主婦です。私、料理は正直、得意ではありません。それなのに『品数をたくさん作らなければ』『冷凍食品より手作りしないとダメ』と思い込んでました。今は『自分に厳しかったな』と思ってます」

（M.Cさん）

こうした観念が多ければ多いほど、私たちは「幸せ」からは遠ざかるようになります。

常に厳しいルールで自分を律しているようなものですから、心に余裕もなくなります。

しかし、怖いのはこの観念の多くが潜在意識にあってそれと気づかないことなのです。

カウンセリングでクライアントさんの話をあれこれ聴いていると、そのことがほんとうによく分かります。

「○○できなきゃいけないのに、とか、△△しちゃいけないのに、とか、××すべきなのに、とかよく言ってるよね？」という指摘をさせてもらうこともよくあるのです。

そのとき多くの人が「え？　そんなこと言ってました？」と目を丸くされるのです。

さて、あなたはいかがでしょうか？

Work

何かに対して「〜すべき」「〜すべきでない」「〜しなければならない」「〜してはいけない」、あるいは「○○は△△だ」と思い込んでいることを探してみてください。それが「観念」の意識づけにつながります。

誰かの期待に応え続けていませんか？

優等生タイプというのはいわば、先生や周りの人たちの言うことをよく聞いて、その期待に応える生き方をしている人たちです。

親や先生を困らせないように、迷惑をかけないように、手をかけさせないように、怒られないように——こうした基準で行動するので、大人からすれば扱いやすくてありがたいのですが、本人は「自分よりも周りの人」を優先した「他人軸」状態であることがほとんどです。

「どうすれば大人を困らせないか？　怒られないか？」を考えて行動しているので、いつの間にか「自分」を見失うのです。

だからこそ、余計に「優等生」の役割にハマり、ますます周りの期待に応え続けようと頑張るのです。

そこでは自分の気持ちを抑圧しなければいけませんし、常に考えていなければならないのでとても疲れるんですよね。

でも、疲れた顔なんて見せたら周りを困らせてしまいますから頑張って笑顔でいようとするのです。いじらしいまでの頑張りです。

その分、内側では常に葛藤が起こっています。

抑圧しようとしたとしても、あなたの感情はたしかに存在します。優等生だって怒ることもあれば、寂しいこともあるし、怠けたいときとか、甘えたいときだってあります。

しかし、その気持ちを出しちゃいけないわけですから苦しいです。まるで自分の中に厳しい鬼教官がいるようなものです。

怠けようものならビシッと叩かれます。

わがままを言おうものなら頭ごなしに怒鳴られます。

甘えたい気持ちなんて即刻否定されます。

彼らは大人に怒られない代わりに、自分に散々怒っているのです。

反抗期を迎えれば、優等生の中にも反抗したい自分が出てきます。しかし、それをやはり厳しく取り締まらなければならないわけですからそこでの葛藤もすごく強いのです。

そうして大人になってもやはりそのパターンはずっと引き継がれていきます。

「相手の期待（理想）に応えられるよう全力投球するものの、上手くできないとなんで私はできないんだろう……と考え、落ち込む」

（I.Eさん）

だから、そのまま大人になった優等生が何かの拍子に燃え尽き症候群になったり、引きこもってしまったり、自分が何がしたいのか分からなくて心が迷路に入り込んだりしてしまうのです。

Question

友達といるときは自由奔放なのに、職場では「いい社員」をやってる……など、あなたの中に「優等生」をしてしまうシーンはありませんか？

マジメになるほど しんどいのは、なぜ？

マジメなことは一般的には良いことですし、良好な人間関係を築くための「信頼」を得るにはとても大切なものですが、「マジメすぎる」と様々な弊害が出て来てしまうものです。

■融通が利かない。
■何に対してもきちんとしたい。
■何でも真に受けてしまう。
■冗談が通じない。
■正しさにこだわる。
■窮屈な感じを与える。

といった感じで「遊びがない」状態になるものです。

マジメなことは、その人にとってよい気質の一つといっていいのですが、多くの場合は自分にたいへん厳しく、同時に、周りの人に対してもマジメさを要求し、厳しい態度を取るようになってしまいます。

だから、カウンセリングをしていてもマジメな人ほど人間関係に悩みやすく、また、仕事の面でも創造性を求められたり、臨機応変に対応したりすることが苦手なので苦労される人も少なくないようです。

責任感も強いので抱え込みやすい人が多いですし、何でもきちんとやろうとしすぎて自分で自分の首を絞めてしまうのです。

とはいえ、マジメさはその人の気質の一つであり、育った環境によって固められた性格でもあるので、なかなか変えようと思っても難しいと思ってしまうかもしれません。

しかし、私は多くの人と出会う中で、「遊び心」や「ユーモア」をまったく持っていない人はいないと思っています。

つまり、自分に厳しく接するがゆえに「マジメすぎる性格」ができてしまったものの、その心の中にはちゃんと「遊び心」といった要素を持っているのです。

だから、「自分はマジメだから」と感じている人は、そんな長所に目を向けると同時に、そのマジメさを少しずつゆるめられると楽に生きられるようになるでしょう。

Question

あなたが「私はマジメすぎるな」と感じるシーンはありますか？　それは自分を苦しめていますか？　それとも自分の役に立っていますか？

自分に厳しくなるほど、ずっと不満足

「理想主義者」にも良い面と悪い面がもちろんあるのですが、カウンセリングに訪れるクライアントさんにはネガティブに振れているケースが多くみられます。

「本来はこうすべきなのにそれができていない」
「もっとこうしなきゃいけないのに全然ダメ」
「ふつうの人はこういうことができるのに自分は全然できない」
「これくらいできて当然。もっと頑張らなきゃ」

そんな風に「理想の自分（あるべき姿）」と「今の自分（できていない姿）」を比べて、自分を否定する姿を非常によく目にします。

理想主義者は「今」に満足することを良しとしません。

すばらしい実績を挙げたり、望んでいた結果を出したりしても、それは「たまたま」であり、「周りの人の頑張りのおかげ」だと思えて素直に喜べません。**それどころか「もっと頑張っていたらもっといい数字を残せたはず」とさらに自分を責める言葉を連発します。**

理想主義者は一つの課題をクリアしても、すぐに次の課題を

自ら見つけて持ってきます。だから、常に理想の自分を追いかけ続けて疲弊していくのです。

だから、燃え尽きたり、疲れたり、いっぱいっぱいになったりしている人とお会いすると、少なからずこの理想主義者が顔を覗かせてきます。

「理想主義的なところがあり、自分の小さなミスやちょっとした発言を、帰宅時に激しく責める。それが罪悪感につながり、さらに相手への攻撃になってしまう。結果、相手を不快にさせて、また配慮に欠ける自分を責める。

勉強やトレーニングなど何か始めると、徹底的に自分を追い込まないと気が済まない。それを仲間にも要求する。『楽しくやる』とか『ほどほどにする』なんて許せない」

（S.Kさん）

この言葉から分かるように、ほんとうに自分に厳しすぎるのです。

しかし、本人は「自分はまだまだ甘い」と思っていて、成果だけでなく、自分の頑張りも、価値も能力も全く認めようとしません。

「隣の芝生は青い」とはよく言いますが、**理想主義者は常に「青い芝生の家の隣に住む」ことを繰り返しているのです。**

だから、いつまでたっても自信がつかないし、当然ながら幸せも感じられません。

手に入れているものよりも、手に入れていないものに価値を見て、ずっとそれを追いかけ続けるわけですから、いつまでたっても心は満たされないのです。

理想主義派は「〜すべき」「〜してはいけない」といった多くの観念に縛られています。そのひとつひとつは「確かにそうなんだけど……」と思わせるものなのですが、それをすべて自分に課しているとしたら息が詰まってしまいます。

理想主義者は自分のことを否定することがクセになっています。そのことに気づかないくらいなので自己肯定感は著しく低くなります。**性格もいいし、仕事もデキるし、人望もあるし、もちろん頑張り屋さんなのに、その自分の価値がまったく分からないのです。**

もちろん、理想を掲げてそこに向けて頑張ることが喜びであり、自らが歩んだ道を自信に変えて次を目指すことは素晴らしいことですし、ここで言う理想主義者も本来はそれを目指しているはずなのですが、自分のことを認められないがゆえに自分に厳しく当たりすぎて、それはもう「自分いじめ」になっていることが多いのです。

「自分はまだまだ甘い。頑張りが足りない」と感じている人はこの理想主義にハマってしまっているのかもしれません。

Work

あなたの中にある「理想の自分」を意識してみましょう。その理想の自分と今の自分を比べて「まだまだダメだ」と思うこと、日常的にありませんか？

完璧を求めるなら「今のベスト」で

「理想主義」に似ているものに「完璧主義」があります。

何でも完璧にこなそうとし、完璧でない状態を非常に嫌悪します。もちろんこの完璧主義も良い方向に向かうことは多々ありますが、同時に自分の首をきつく締めあげることにもなるのです。

ここでの「完璧さ」というのは、あくまで自分が思う「完璧さ」であり、客観的なゴールはありません。だから、あくまで自分本位な基準のひとつなのでぬぐい切れないのです。

実は私も完璧主義なところがあります。

「何でもきちんとしなければ」「ちゃんとしなければ」「きちんとしたものを作らなければ」……といった観念に縛られているところがあります。

今まで20冊以上の本を書かせていただきましたが、原稿を書く際は常に強烈なプレッシャーを感じて、本のことを考えたくなくなるほどです。また、書き始めてからも「いいものを作らなければ」「ちゃんとしなければ」という思いから常に焦っている状態ですし、執筆も後半に差し掛かると「矛盾はないか？　きちんと筋が通っているか？」「抜けはないか？　言い忘れていることはないか？」ということが気になって仕方がなくなります。
「本を執筆するのだからきちんとしなければならないし、ちゃんとしたものを作らなければならない」と思い込んでいたんですね。もちろん、締め切りもちゃんと守らなければならないと思い込んでしまうんです。

だから、執筆中はイライラし、家族に対しても迷惑をかけることが少なからずありました。さらに本が上梓《じょうし》されたら「ちゃんと売らなければならない」とも思っており、完璧主義な部分がそこかしこに出ることもありました。

書きたいことを書かせてもらっているにもかかわらず、執筆中は生みの苦しみのほうが多く、「本を書くのは楽しい！」と心から思えるようになったのはこの１〜２年くらいでしょうか。

それまでは「文章を書くことは好きだし、本をたくさん書きたいと思うのだけど、ほんとうは本なんて書きたくないんじゃないだろうか？」と猜疑心を抱えたこともありました。

最近では本に対する完璧主義な部分はだいぶ削れたようで、本を書くのはほんとうに楽しく、また、自分への挑戦でもあるので刺激的ですし、自分がほんとうにやりたいことなんだ、と実感を持てるようになりました。

完璧主義者はかつての私のように、「ちゃんと」「きちんと」

「しっかりと」を合言葉に、自分で自分を常に監視しています。まるで自分のすぐそばに鬼教官がいて、ムチをしならせて完璧であることを求めているかのようです。

当たり前ですが、物事を完璧にこなすことはどんな人であっても不可能です。だから、完璧主義に陥るとゴールのないマラソンを走り続けることになり、いずれは燃え尽き、倒れてしまいます。

もちろん、そんな自分にも容赦なくムチを浴びせるわけですから心はボロボロになってしまいますね。

つまり、完璧主義者も非情なほど自分に厳しすぎるのです。

そうしたとき、完璧を求めるのではなく、「今の自分にとってのベストを尽くす」という意識を持てるようになるとすーっと心は楽になっていくものです。

「できることしかできない。だから、できることにベストを尽くそう」

カウンセリングでも私がよくお伝えする言葉です。

理想主義も完璧主義も、自分にできないことばかりを自分に課してしまうのですね。

「ベストを尽くす」を言い換えると「できないことを受け入れる勇気」とでも言いましょうか。

そういう意識を持つだけでずいぶんと心は軽くなります。

Work

あなたが「完璧主義」を発動して「ちゃんと」「きちんと」「しっかりと」と思っている場面を日常生活で探してみましょう。

Chapter

2

自分に
厳しい人の
「心のクセ」

人にはいくらでも優しくできるのに……

自分に厳しすぎる人は他人に対する態度と自分に対する態度が真逆になっていることがよくあります。
早速いくつか読者の声を紹介していきましょう。

「人のミスに対して『誰でもミスはある。気がつけなかった私に責任があるし、みんなもきっとそう思っている』と思ってしまう。自分のミスは100%自分のせい。消えたい……！」

（S.Sさん）

「約束などの『時間』に関しては、自分に厳しくしてしまいます。絶対に遅刻してはいけない！　という強迫観念めいたものがあり、アポの場所に必要以上に早く着いてしまったりします。でも、相手が遅刻するのは気にならず、『ちょっとぶらぶらする時間ができた』くらいに思えるのですが、自分にはまだまだ厳しいような気がします」

（O.Nさん）

「『人生に失敗なんて当たり前』と他人には言うくせに、自分が失敗すると取り返しがつかない気がして頭が真っ白になる。

他人の小さな成長はすごい！　と褒められるのに、自分に対しては『まだこの程度……』と思ってしまう。たまに『自分、昔に比べて成長したなぁ』と思える出来事があっても、すぐもっと先にいるような人を探して『やっぱりまだまだ……』と活を入れたくなる」

（E.Mさん）

「カウンセリングの勉強中なので、できていないことがあって当たり前なのに『ここができてない』『こんな発言ダメ』『こんなカウンセリング最悪』と思ってしまいます。同期が同じカウンセリングをしていたら、ダメ出しするより、できているところを見つけて褒めると思うのですが、自分にはダメ出しばかりしてしまいます」

（K.Nさん）

こんな風に「他人には優しくできる、理解できる、許せる、価値を見ることができる」のに、同じことをしても「自分には厳しく、許せない」と思うこと、ありませんか？

こうした人は、ほんとうに優しい人だと思います。

けれど、ずっと自立して頑張ってきた人によくある傾向なのですが、ここまで頑張って成長してくる間、自分にムチを打ち続けているんです。だから、自分に厳しくすることが当たり前になってしまっているんですね。それが当たり前になっていて、自分が自分に厳しいことすら気づかないのです。

そうして成長してきた分、ほんとうは人としての器も大きくて視野も広く、頭の回転も速くなっています。他人のことはよく見えるし、理解できるし、受け入れることができるのです。

このことに気づけていないのは、**まるで自分だけを蚊帳の外に置いてしまっているような状態**なのです。

自分に厳しすぎる人は、ほんとうはそんな魅力や価値をたくさん持ち、素晴らしい人格者であることも多いのです。

けれど、それを全然認めていないので、「なぜ、そんなにも自分に厳しくするの？　そんなに自分のことが嫌いなの？」と思わず声が漏れることもよくあるのです。

Work

あなたの中に「他人は許せるけど、自分は許せないこと」が、どれくらいありますか？

他人が持っているものにだけ、価値を見出せる

前項とちょっと似たお話ですが、自分に厳しすぎる人はよくこんな見方をしてしまうものです。

「自分が持っている能力を低く見積もる傾向があります。例えば資格は持っているけど今使っているわけじゃないから大したことないとか……。他人が持ってると使ってなくてもすごいね、って思えるのに。何においても自分の力が積みあがっていく気がしません。砂の城みたいな感じですかね。結果頑張りすぎて燃え尽きます」

（I.Kさん）

I.Kさんの場合は資格ですが、ほかにもパートナーや仕事内容、住んでいる家、乗っている車、愛用しているバッグ、美容師さんが気合を入れてカットしてくれた髪型……などにも同じように思うことってありませんか？

他の人が持っているとすごく価値があるように見えるのに、同じものを自分が手に入れると全然価値を感じなくなる。

これは自分に厳しく、自己否定が強くなっているときに起こ

る現象です。

I.Kさんの資格もきっと価値のあるものだろうと思うのですが、自分に厳しすぎる分だけ、その価値を感じられないのです。

また、**このパターンの人は「誰かが持っている価値のあるもの」を頑張って手に入れようとします。そして、それを見事手に入れるのですが、その瞬間、それは「価値のないもの」に早変わりしてしまうんです。**

それってめちゃくちゃもったいないことなのですが、それは「自分に厳しすぎて、自分の価値を受け取れていない」証拠でもあるんです。

自分に価値を見られないから、自分の持っているものにも価値を見られないのです。

Question

あなたは自分が持っているモノの価値をちゃんと感じられていますか?

自分のことをつい 粗末に扱ってしまう

当たり前なのですが、自分に厳しく接していつもムチを振るっているとしたら自分のことを大切にすることなんてできませんよね。

むしろ、自分をどんどん傷つけようとしてしまいます。自分のことをほんとうに粗末にしてしまうのです。

「夫や子どもにはいい服を着せたいと思うのですが、専業主婦の私は外に出るわけではないので、もう何年も自分の服は買ってないような気がします」と語る人ってすごく多いのです。

しかも、もともとファッションに興味がないのかといえばむしろ逆。独身時代はかなりオシャレだったそうです。

確かに家計を預かる主婦としては当然の判断という見方もできるかもしれませんが、あまりにも自分に我慢させすぎていないでしょうか？

そんな方のお話を聞いていると「ほんとの修行僧みたいだな」と思ってしまうこともあります。けれど、悟りを開くための修行ならば理解はできるのですが、理由を付けて喜びを禁止したり、まるで自分に罰を与えているような人もいます。

「高齢の両親には暑い日に早めに冷房をつけろと口酸っぱく言うが、自分一人の部屋ではもったいない気がしてなかなか冷房を使わない」

（I.Mさん）

この「もったいない」という気持ちから自分に我慢を強いることって意外と多いのかもしれません。さらに、

「現在の仕事が向いてないし大嫌いなのに、我慢して10年以上働き続けています。心がNOだと言っているのに、その声に応えず無理をさせてしまいます」

（M.Rさん）

「有休で休みを取っているのに、自分だけサボっているような感覚になる」

（S.Kさん）

といったお話を読んで、「どれだけ自分に厳しいんだ？」と思う一方で、他人事に思えない人もいらっしゃいませんか？

それ、自分いじめに他なりませんよ？
そんなに自分のことが嫌いなの？

そんなに自分を傷つけたいの？
そんなに自分を罰しなければならないの？

思わず、そんな言葉が漏れてしまいそうです。

自分を大切にできない背景には「罪悪感」が影響していることも多いものです。

罪悪感というのは自分を重罪人に仕立て上げ、牢屋にぶち込み、重労働を課すような厳罰を与えます。もちろん、喜びや楽しみをはく奪し、つまらない生活を送らせるのです（罪悪感についてはchapter3で詳しく取り上げます）。

もし、自分を犯罪者のように扱っているならば、そんな風に自分に厳しくするのも無理はないかもしれません。

しかし、自分を大切にできなくて誰が幸せになるのでしょうか？

あなたの周りの人はそんなあなたを見て喜んでくれるのでしょうか？

Work

「今、自分を大切にできていないな」と思うシーンを探してみてください。

「幸せになるには条件がある」と思いがち

「○○があったら幸せになれるのに」
「自分が○○だったら幸せなのに」
「○○になったら幸せになれる」

こんなふうに思うこと、ありませんか？

この「○○」には、お金、やりがいのある仕事、素敵なパートナー、資格、学歴、時間、健康……などから、「親が自分たちの面倒を押し付けて来なかったら」とか「職場の上司がもっと寛大だったら」とか「自分にもっと能力があったら」等々、「もしも～」を前提とした「if」が入ります。

これって「今の自分を否定する言葉」なんです。

「今の自分は○○がないから幸せじゃない」と思っていることを表しています。

古くから「青い鳥症候群」と呼ばれるもので、今の自分を受け入れられなかったり、今あるものに価値を見ることができなかったり、今の幸せを感じられなかったりすることから生まれる思いから、常に「今の自分にない何か（＝青い鳥）」を探し求めてしまうのです。

だから、いつまでも幸せを感じることができなくなります。

そして、仮に「〇〇」が手に入ったとするとどうなるでしょう？

私たちはそこでまた新たな「〇〇」を見つけ出してくるのです。

「お金があれば幸せになると思って頑張った。そしてそこそこのお金ができたけど自分は幸せじゃない。やはり心を通わせられるパートナーがいたら幸せになれるに違いない」という風に、です。

「今」の自分を否定しているので、お金がないときの自分も、お金があるときの自分もやはり否定してしまうのです。

私はこの現象を**「現状否定の法則」**と呼んでいます。

青い鳥を追い続けている間、私たちは「今」に幸せを感じられません。お金を手に入れても、パートナーができても、「今」を否定することを改めない限り、幸せを感じることができないのです。

そもそも幸せを感じることに条件など必要なのでしょうか？

私はよく「今ある幸せを見つけること」を提案しています。皆さんも体験されたように、災害やこのコロナ禍で「なくなって始めてその価値に気づいたもの」ってたくさんあると思うのですね。大切なものを失ったときに「あのときは幸せだった」

と気づくことも多いと思うのです。

　私たちは「今」にしか生きられないわけですから、「今ある幸せ」に気づく必要があるのです。

Work

「○○があったら幸せになれるのに」の、「○○」に当てはまる言葉、何が思いつきますか？

負けたくない気持ちが、つらさに拍車をかける

よくいえば責任感が強いといえるのですが、周りからの期待に応えるべく、あるいは、与えられた業務をこなすべく、オーバーワークになってしまっている人がとても多くいます。

「激務、パワハラ、モラハラに耐え、体調を崩し、自律神経失調症や鬱のような症状が出ても、『こんな奴らに負けなくない！！！』と仕事に行き続けた」

（E.Rさん）

このような超絶頑張り屋さんのクライアントさんが、私のもとにはとても多いのですが、体調を崩しても頑張って仕事に行けることっていいことなのでしょうか？

それって、心身には相当な負担がかかってしまいますよね。

「少々の熱なら我慢して仕事に行く」

「納期が迫ってきたら残業や休日出勤をしてでも頑張るのが当たり前」

「生理痛が酷くても素知らぬ顔をして仕事をやり遂げる」

……など、そんな価値観を抱えていませんか？

そもそも子ども時代から習い事や受験勉強、クラブ活動、バ

イトなどをずっと頑張ってきた人は「頑張ることがクセ」になった状態で社会に出ています。

そして仕事でも家庭でもやはり「頑張ることが当たり前」のまま毎日を過ごしているのかもしれません。これって、相当自分に厳しい態度を取っていると思うのですがいかがでしょうか？

習慣というのは恐ろしいもので、オーバーワークになっていてもそれがずっと当たり前の状態だと、心が麻痺してそのことに気づかなくなります。

心が「ちょっとしんどいよ。頑張りすぎだよ。このままだったらヤバいよ。休もうよ」とメッセージを発していてもそれに気づけません。

たとえ、心の声に気づいても「自分がまだまだ甘いから！」と厳しすぎる判断をして、それを無視しようとしませんか？

しかも、**習慣になっていることって「やらないと気持ちが悪い」ですよね？**　だから、自分に厳しく、頑張るクセが付いている人は今までと同じように頑張らないと「気持ちが悪く」感じて、無理をしてしまうのです。

結局、自分を追い込むほどに頑張りすぎる人は何に対しても同じく頑張りすぎてしまうのです。そうすると、幸せってどんどん遠ざかります。

「最初は、痩せるため〜とか健康やリフレッシュのため〜とか気分よく始める運動。だけど、ジムに通い始めたら週５！　家で筋トレ始めたら毎日！　ウォーキングはどんどん距離を延ばす！

たとえ疲れてても、しんどくても、気分が乗らなくても、体にムチ打って義務感から頑張りすぎちゃう日々。でも数か月すると燃え尽きて、パタリとやめてしまう。そうなって初めて、『あぁ無理してたんだなぁ』と気づく私は、自分に厳しい性分だと思います」

(H.Hさん)

「こんなに頑張ってるのに、幸せを感じられない」という声はとてもよく聞くんです。幸せになるために頑張っているのに、です。

「自営業で、美容系のサロンで働いています。予約があれば何がなんでも休まないのは当然。妊娠中はつわりがとても酷かったのですが、死ぬような思いで吐き気に堪えながら笑顔で施術し、お客様をお見送りしたら速攻トイレへ……というのを数か月やってました。１日も休みませんでしたが、今思い出しても地獄の日々でした。

数年前からは、熱が出そうになると気合で抑え込むという神業も使えるようになり(笑)、週末に寝込める状況になるまで我慢出来ちゃいます。

休みの日や空いてる時間は、ぼーっとすればいいのですが、なんだかもったいない気がして常に自己成長のため何か勉強したり本を読んでいます。

こうして書いてると、もっと自分を大切にしてあげないと……と思えてきました（笑）」

（M.Mさん）

頑張り屋さんって、一見いいイメージのように捉えられるかもしれませんが、自分の心を無視して自分に厳しくムチ打って頑張っているのだとしたら、それは全然歓迎できることではありません。

もしかしたらあなたの心は今、自分に厳しくし過ぎた結果、悲鳴を上げているのではないでしょうか？

Question

あなたが今、頑張っていることって、どんなことですか？　また、あなたは今までどんなことを頑張ってきましたか？

人といるときに出てくる「心の鬼教官」

「ほんとうの自分はすごく怠け者でだらしがないので、自分に厳しくしていないとダメなんです」という話を耳にします。
「ちょっとでも気を抜くと途端に怠け者になってしまうので、自分には厳しく接してしまいます」という人もいらっしゃいます。
あなたもそんな風に思ったことはないでしょうか？

変な話なのですが、「ほんとうの怠け者」は自分が怠け者であるという自覚がありません。それがふつうだし、それでいいと思っているので、何ら問題にならないのです。
しかし、「ほんとうの自分は怠け者ではないか？」と思っている人は、ほんとうは怠け者ではなく、頑張り屋さんなのです。だから、いつも自分が怠け者にならないように厳しい目で監視しているのです。
常に鬼教官があなたのすぐ後ろにいるのと一緒です。心は全然休まりませんよね。

そもそも「怠け者はダメだ」となぜ思うようになったのでしょう？　勤勉であること、マジメに取り組むこと、ちゃんとしていることを求められることが多かったからでしょうか？

それとも親からいつも怒られていたからでしょうか？

あるいは、周りに頑張り屋さんが多く、怠け者になるヒマがなかったからでしょうか？

また、「怠け者になったらどうなる？」と不安になっているのでしょうか？

怠け者はダメだと思い、そうなることを怖れて鬼教官を側に住まわせ、常に自分に厳しく接していると心はどんどん疲れていきます。もちろん身体も悲鳴をあげるでしょう。「これは怠けているのではないか？」と思えば、手を抜いたり、リラックスしたり、休みを取ったりすることができずに常に緊張状態で頑張り続けなければいけなくなりますね。

「ほんとうの自分は怠け者だ」「気を抜いたら怠け者になってしまう」という人にお会いすると、手を抜いても、休んでも、頑張らなくても、怠け者になるような人ではありません。

しかし、あまりにもそれを怖れて自分に厳しく接しているがゆえに、どんどんその怖れが膨れ上がってしまうのです。

そもそも怠け者っていけないことなんでしょうか？

だから、そんな人には自分をもっと甘やかして、怠け者になる許可を出してあげることをお勧めしています。
「もっとサボりましょう。もっと手を抜いちゃいましょう」
こんな提案をカウンセラーとして、勧めています。
「メリハリを付ける」という言葉が分かりやすいかもしれません。
頑張るときは頑張るけど、サボるときはサボる人のほうが案外元気に仕事をし、しかも実績をあげているように思いませんか？
思い当たる人は「もっと怠け者になっていいのかも？」と思ってみてください。そこから何かが変わり始めるはずです。

また、自分に厳しすぎる人ほど一人になった瞬間、何もできなくなってしまうケースもあります。
「先週末は衣替えをちゃんとしようと思って予定を明けていたんです。けど、朝もなかなか起きられないし、目が覚めてもお布団から出られなくてだらだらしてしまい、気が付けば夕方。予定のない日は一日中パジャマで映画やスマホを見るうちに休日が終わっちゃうんです」
クライアントさんからよくこんな声を耳にしますが、あなたもこんな日はありませんか？
客観的に見れば「それだけ平日頑張っているんでしょう？その疲れが土日に出たのだからだらだら過ごしちゃうのも仕方がないんじゃないの？」とお伝えします。

ただし、そこは自分に厳しすぎるクライアントさんだからこそ、即座に、
「そうかもしれませんがそれじゃダメなんですよ。それに私、そんなに仕事を頑張ってるとは言えないんですよ」
と自己否定されるのです。

誰かと関わるとき、特に仕事以外で「友達と会う」「恋人とデートをする」という場合も、自分に厳しすぎる人はやはり鬼教官を隣に従えて人と会っています。

仕事を頑張ったとか、友達と楽しく遊べたとか、恋人と幸せな時間を過ごせたとか、喜んでいい場面でも常に自分は厳しい目で監視されています。

だから、気づかないうちに疲れが溜まってしまいます。

それが予定のない休日は、鬼教官も幸いお休みを取るようなので、あなたはようやくその監視から解放されます。

すると日ごろ常に緊張に晒されていた分だけゆるみとなって、どっと疲れが出て何もできなくなってしまうのです。

そうして休み明けに職場に行くと、鬼教官が戻ってきて「だらだらと何もせずに過ごしてしまった自分」をまた責めるわけです。「せっかくの休日なのにもったいない！　衣替えするって決めてたのに！」と。

それくらい私たちは自分に厳しくしてしまうのかもしれません。

Question

予定のない休日にだらだらしてしまったとき、「今日はリフレッシュできたー！」と素直に喜ぶことができますか？　それとも責めてしまいますか？

自分の価値や成果を「受け取れない」問題

私のカウンセリングでは、クライアントさんの価値や長所や魅力を伝えます。

「なんだかんだいって優しいし、人の気持ちを考えて行動できるし、ちゃんと相手に配慮して話ができますから、コミュ力ってすごく高いんですよ」と。

ただし、「うれしいです！　私にそんな価値があるなんて知りませんでした！　ありがとうございます！」と素直に受け取れる人は、私のクライアントさんではレアなんです。

ほとんどの人が「いや、私、そんな優しくありません。人の気持ちを考えたいとは思っていますが全然できなくて迷惑をかけてばかりなんです」と否定するのです。

あなたはどうでしょうか？　**素直に誉め言葉を受け取れますか？　それともやっぱり否定してしまいますか？**

例えば、こんな声を頂いています。

「おしゃれだの、可愛いだの言われても、この人たちは目が悪いのだと思ってしまう。褒められると同時に、自分の欠点を思い浮かべてしまう」

（S.Kさん）

「家事もお金の管理もそこそこできるし、見た目も性格もそこまでひどいことを言われるほどでもないらしいのに、自分にはもう結婚どころか恋人なんかできないだろうと思ってしまう」

（A.Yさん）

これらのケースは思わず「自分の価値や魅力を受け取らないように、とても努力をしてるね」と伝えたくなるお話です。

すでにお話ししたように「優しい」「可愛い」「家事ができる」と認めるためには相当厳しい基準を設定されている、あるいは、とにかく自分に厳しすぎるので誉め言葉だけで何でも否定してしまうクセがついています。

資格の勉強を頑張って合格しても、婚活がうまく行って交際に移行しても、仕事で成果を上げて上司から褒められても、全然その成果を受け取れないという人もいます。

「この程度で満足してはダメだ」

「安心したらすぐにポカをするから油断してはいけない」

「こんなの誰でもできることだ」

こんな人たちは自分に厳しすぎるのです。

「なにかうまくいったときに『これは誰のおかげなのか』を血眼で探す。決して自分の努力のおかげではないと思っている」

（S.Sさん）

「タロット講師としてフリーで活動をしてきてありがたいことに東京、福岡でも講座を開講してきました。ただ、周りの人から『すごいね』『よく頑張ってきたね』と言われるとすごく居心地の悪い気分になります。私は『たまたま集客できている』『運が良かった』と思っているんです。

なぜそう思うのかというと私は全然努力できていないし、もっと頑張れたのにやってこなかったから。

何もしてこなかったわけではありませんが、『もっとやれたのに……ダラダラしすぎた』と思っています」

(S.Kさん)

こんなお話も伺わせていただきました。うまくいったこと(成果が出たこと)があったとしても、それを受け取れないと自信になりませんし、自己肯定感もあがりません。

でも、みなさんも「たまたま」とか「自分の成果じゃない」と思ってしまいませんか?

その上で「頑張りが足りない」と自分にムチを打ちます。どこまで行ったら自分を認めてあげられるのでしょうか?

とはいえ、私自身もそういう風に思ってしまうことがあるのもまた事実です。誰の心にもそうした面があるんです。

なんだかんだ自分の価値や成果を否定し、自分にもっともっとと頑張らせようとしたり、あるいは、自分のダメなところばかりを探して自分いじめをしていたりすると当然ながら自己肯定感は地に落ち、自信なんて付きません。

自分に厳しくすることで、結果として自分を落とし込んでしまっているのですね。

これもまた、あなたはクセになってしまっていませんか？

Work

あなたが最近周りの人から褒められたことや、何らかの成果を出したときのことを思い出してみてください。素直に喜べたでしょうか？　それとも自分に厳しい態度をとってしまいましたか？

Chapter

3

ひとつずつ、
自分に
優しくしていく

体調も気分も、いつも違って当たり前

自己肯定感をあげる方法の一つに「今の自分ができることとできないことの区別を付ける」というものがあります。

ポイントは「今の自分」というところ。

そこには**「昨日の自分はできたかもしれないけれど、今日の自分はできないこと」や「元気なときの自分だったら余裕でできるけど、ちょっと元気のない今は難しいこと」**が含まれます。

また、「自分」という点に注目すれば、人には得手不得手があって他人にできることが自分にはできないことも珍しくありません。

同じ教室で机を並べて授業を聞いていても理解度や興味の度合いも人によって違います。

だから、人によっても、状態によっても「できること」「できないこと」は違います。

こういう話をすると「当たり前じゃん」と思われるかもしれません。

ですが、自分に厳しすぎる人はそれが苦手なのです。

自分に厳しすぎる人は、

「昨日できたのに今日はできないなんておかしい」

「元気がないなんて自己管理がなってない」
といって、まず自分を責めます。
さらに他人と比較して「周りの人ができているのにそれができないなんて……」と「否定ありき」になってしまっています。
中には自分のことをロボットのように扱い、毎日同じクオリティを出すことを自分に求めたり、「これくらいできて当たり前だ」「自分はこれくらいできるはずだ」と“自分自身に期待をして”自分にムチを入れることもあります。
それはまるで、手の届かないものを取ろうとして、取れない自分を責めているような無茶なことなんです。

あなたは自分の体調や気分が日によって変化することをどれくらい受け入れられているでしょうか？
同様に、あなたは自分と他人は違うということをどれくらい受け入れられているでしょうか？
「頭では分かってるんですけどね……」という声が聞こえてきそうです（笑）。
頭で分かっていても、体調や気分を一定にすることを自分に期待してしまいますよね。
でも、私たちは気圧や天候だけでなく、家や職場の環境からも影響を受けますし、人間関係の影響も大きいものです。また、女性の場合、ホルモンの影響などでさらに難しい。
「体調や気分は日々変わるもの！」という当たり前のことは

しっかりと理解したいものです。

「周りの人と同じことをしなければいけない」
「みんなができることは自分もできなきゃおかしい」
と思い込みがちですが、それこそ「個性」なのです。

他の人ができるのに自分はできないことなんて山ほどあります。自分に厳しすぎる人はそれが許せません。

他人と自分を比較しているうちはどうしたって「隣の芝生は青い」とばかりに自己否定に陥るのです。

ただ、その自己否定が逆に振れると「優越感」に浸ろうとして、自分よりもできていない人を見つけて安心しようとする心理もあります。

「あの人より自分はマシだ」と思うことで自分を慰めたり、「私はこれができるから」とマウントを取ったりするのです。

実はこれも自己嫌悪・自己否定の表れ。他人に対してマウントを取る人は実はとても自信のない人なのです。周りに、そうした人がいるかと思います。

実は私もとても気分屋なところがあって、その日その日でパフォーマンスが変わります。この本を書いていてもどんどん書き進められる調子のいい日もあれば、集中力が続かずすぐに気が散漫になる日もあります。

かつての私はそんな自分にたくさんダメ出しをしていました。

「そんなことでは締め切りに間に合わない」

「昨日あれだけ書けたんだから今日だってそれくらい書かなければプロとは言えない」

だから、集中力が続かない日も頑張って、無理やり文章をつづっていたのですが、あとでその文章を読むと全然しっくり来ず、結局書き直すことになっていました。

そういう経験をたくさんしてきたので、「書けないときは書けないでしょうがない。今日のペースでやろう。何より楽しんで書くことが一番大事だよね」と思い込むようにしました。

それでペースが遅れて締め切りを守れなくて編集者さんに迷惑をかけることになっても、満足できない原稿を無理やり書いてお渡しするよりも全然マシだ、と思えるようになったのです（この本も編集者さんに締め切りの延長をお願いしました！）。

自分が満足できない原稿なんてやはり後悔につながりますし、読者の皆さんに失礼ですよね。

「今の自分ができること、できないことを区別して、できることだけにエネルギーを向けよう」という意識を持つようにしたのです。

なので、集中して執筆が進まないときには思い切って別の作業をするようにしています。実は今日、まさにそんな日だったので、さっきまでメールの返信をしたり、お弟子さんの管理業務をしたり、YouTubeを見たりしてマイペースに過ごしていました。

そうしたら、不思議なことにこの項のネタが舞い降りてきて無事書き始めることができたのです。

Question

あなたの大事なエネルギーを注ぎたいこと、何ですか？

やるべきことも、
できないときがあっていい

今やるべきことをひとつ思い浮かべてみてください。
「皿洗い」「明日の準備」「来週締め切りの報告書作成」「SNSの返信」……何でも構いません。

「それって今の自分ができること、できないこと？」

そんな声掛けをしてみてください。
そして、心の声によく耳を傾けてください。
もし、「できる！」と声が返ってきたら、「よし！」と思ってやりましょう。
もし、「できない！」という声が聞こえてきたら、「よし、今はやめとこ！」と手を止めます。

そこで「しなきゃいけないことだよ」という声が返ってきたら、あえて「よし！　一旦退却しよう！」と決めてください。
「しなきゃいけない」と思うことは「したくないこと」のはず。
だから、その「したくない」という気持ちを尊重します。
自分の気持ちを大事にする、ということが自分に厳しすぎる人にとって重要なレッスンです。

「そんなことしたら全然仕事が進まないよ！　上司に怒られるよ！」みたいな声がさらに聞こえたら「大丈夫、大丈夫！」と根拠なく自分に言ってあげてください。
　とりあえず一旦退却することを自分に許可して、別の作業をするなり、休憩するなり、遊ぶなりしてください。
　そこに罪悪感を持つ必要なんてありません。
　そうするとおそらく「そんなことしたら、ずっと何もしなくなっちゃうよ」という声が聞こえてくるかもしれませんが、「そうだよね。でも、大丈夫」と自分に言ってあげます。
　ちなみに「上司に怒られる」とか「何もしなくなっちゃう」というのは怖れを使って自分を脅迫するやり方で、「他人軸」であり、自分を信頼していない証拠です。
　だから「その手には乗らないよ！」と自分に言ってあげてもオーケーです。

　そして、どうしてもやらなければいけないことがあって、けれど、自分にはできないと思ったら誰かにサポートをお願いします。
　これが苦手な人がすごく多いんです。
　自分に厳しすぎる人は「そんなことしたらダメだ！」と思い込んでいますから一人で抱えてしまいます。
　だから、ここで「誰かに頼る、お願いする」のも自分に厳しすぎる人にとっては自分を変えるチャレンジとなります。

そして、最後に**「どうしても自分でやらなきゃいけない！今やらないとマズい！」ということであれば、これを自己肯定感をあげるチャンスとして捉えます。**

「ほんとうはやらなくてもいいのに、頑張ってやろうとする自分って偉いよな」と3回以上自分に言い聞かせた上で頑張りましょう。

そして、頑張っている自分をちゃんと褒めてあげるのです。

こういうやり方を採り入れてみると、今の自分ができることを実践してもしなくても自然体ですし、かつ自己肯定感もあがるのです。

Work

「それって今できること？　できないこと？」を自分に聞いて、その声に素直に従ってみる。

「今日は頑張るぞ」と考えない

さて、前項の「できること、できないことの区別をつける」という話を少し発展させてみます。

自己肯定感が高い人はそんな自分の体調や気分によって「今日は調子がいいからガンガン行くぞー！」とか「なんか今日は気分が乗らないからちょっと控えめでいこう」という風に調整をします。

無理してもしんどくなるし、パフォーマンスが落ちることをよく知っていて、それを受け入れているからです。

しかし、自分に厳しすぎる人はそんなことを自分に許しません。

常にベストパフォーマンスを自分に求めてしまうのです。

でも、よく考えてみてください。

めったに出せないから“ベスト”パフォーマンスと呼ばれるんじゃないでしょうか？

狙って出すものというよりも、気が付いたら出ていたものではないでしょうか？

それを常に自分に求めているとしたら、これまた自分いじめに他ならないんじゃないでしょうか？

自分に厳しすぎる人は良くいえば向上心があるのですが、常に上を目指していますし、また高すぎる基準を設定して自分にそれを超えることを課しています。

そういう様子をお聞きすると「まるで日本代表を目指すアスリートみたいだね」と思ってしまうのです。

もし、「これ、自分にも当てはまるな？」と感じた人は、ぜひアスリートがベストパフォーマンスを出すためにふだんからしていることを調べてみてください。

「メリハリのあるトレーニングをして、しっかり休養を取る」

「きちんとオフを作り、心身を休める時間を確保している」

「無理はケガにつながるので、その日の体調に合わせてトレーニングする」

「ちょっとでも不調を感じたらすぐにトレーナーに相談して軽いメニューにする」

「ベストパフォーマンスを発揮できるようにイメージトレーニングを行う」

……など、参考になることがたくさんあります。

これをあなたの仕事や日常に当てはめるとどうなるでしょうか？

さて、ベストパフォーマンスを基準にするのでなければ、どの辺に意識を向けたらいいのでしょう？

私がお勧めしているのは「今日の私のベスト」です。

過去や他人と比べるのではなく、「今日の自分にとってのベスト」を意識するのです。

これは前項の「今の自分ができること、できないこと」と同じですね。

今日のベストは昨日のベストとは違って当たり前です。

1日の中でも変動があって、午前と午後では変わるかもしれません。朝型の人は午前中が調子いいでしょうし、朝が苦手な人は夕方に向けて調子を上げてくるでしょう。

「今日の私のベストを尽くす」

これを意識すればいいのです。

私の体験ですが、「今日はめちゃくちゃ調子いいなあ」と思って本の原稿を書いていたら、1日で1万文字ほど書けた日がありました。

ところが、その翌日はなぜか調子が出ず、言葉がなかなか出て来なかったんです。

「まあ、そういう日もあるよね」と思いながらちょこちょこ書いては別の仕事をし、どちらかというとダラダラしながら書き進めていたんです。そのときは「2000〜3000文字でも進んだらラッキー」くらいの気持ちでいました。そうしたら、結果的にその日は15000文字ほど書き進められていました。なんと調子が良かった日の1.5倍です。自分でもびっくりしてしまいました。

もちろん執筆時間は違うものの、自分のペースで仕事を進めるのが一番効率いいんだな、と改めて実感したできごとです。

Work

あなたの今日のベストはどれくらいかを設定するクセを付けてみませんか。

自分の「身の程」を知っていますか？

「身の程を知れ！」などと言われたら思わずカチンと来てしまうかもしれません。
　ごめんなさい。
　ですが、意外とカウンセリングの中で使っている言葉なのです（もちろん、そんな命令口調では言いません）。
「身の程を知ることが、今の○○さんにとっては大事なことかもしれませんよ」
　という風にお伝えします。

「身の程を知る」というのは、分かりやすい意味に翻訳すると次のような言葉たちになります。

「自分に対してそんな期待をかけないで。心が壊れそうなこと分かってる？」

心が壊れそうなのにまだまだ「自分はできる」と頑張ろうとしているから、それに“待った”をかけたいのです。その期待に応えるほどの心の容量はもうないように見えるからです。

「そんな負荷を自分に与えてどうするの？　積載オーバーしているんじゃない？」

自分に課している仕事量が明らかに積載オーバーに見えるんです。まるで溢れそうなくらいの荷物を積んでよれよれになって走っているトラックのように。

「そこまで自分を追い詰めてどうするつもり？　そんなに自分は強いと思ってる？」

確かに「強い」のだけど、そんな強い自分がボロボロになるまで追い詰めているように見えるからそれを止めてほしいんです。もう、それ自分いじめです。

「もう限界がきてることを認めてもいいと思うな。まだ自分は大丈夫だと思いたいの？」

もう限界が来ているにもかかわらずまだまだ自分にムチを打って頑張ろうとされているんです。全然大丈夫じゃないんですよ。大丈夫だと思いたいのは分かりますけど、大丈夫じゃないんですよ。

「しんどいときはしんどいって言ったほうがいいと思うよ。心が悲鳴を上げてるじゃない」

これだけしんどいのになぜ我慢してそこまで頑張るの？　そんなにも自分を苦しめたいの？　心の悲鳴が聞こえるで

しょう？　その声に耳を傾けてあげて。

この言葉を読んでドキッとする人もいらっしゃるかもしれません。

私がお伝えしたいことは「ちゃんと今の自分を見てあげましょう」ということなのです。

「大丈夫だと思いたいけれど大丈夫じゃない」って、「もうしんどいし頑張るのはイヤだ」ということを認めるのです。

それはとても勇気が要ることです。そんな自分に自己嫌悪してしまうかもしれません。

でも、ほんとうは気づいているはずです。このままではだめだ、もう限界を超えているんじゃないか、と。

今の自分を知り、受け入れるために「身の程を知る」ということ。よかったら頭の隅に入れておいてください。

Question

あなたが知らなければいけない「身の程」とは何でしょうか？

心にハッパをかけるのをやめる

「こんな自分じゃダメだ。今の自分では成功しない」と思って頑張っていることはありませんか？

仕事、ダイエット、婚活、自分磨き、資格の勉強……向上心の表れとも、目標を定めて頑張ろうとしている姿にも見えますが、でも、次の言葉をよく読んでください。

「こんな自分じゃダメだ」と、思い切り自己否定しながら努力しているんじゃないでしょうか？

もし、あなたが「怒られて伸びるタイプ」であればそれもいいのかもしれません。

けれど、「褒められて伸びるタイプ」だと感じているならば、そう思った瞬間にやる気を失っているはずです。

「こんな自分じゃダメだ。もっと成功するために頑張らなければ」と自分にハッパをかけるつもりで、実際は自分の喉元にナイフを突きつけることになっているのです。

実はこうしたハッパのかけ方は「怖れ」を使って自分を奮い立たせようとする心理なのです。実はあまり効果がありません。

ダイエットは、成果が出るには数か月～半年くらいかかります。その間、自分に厳しすぎるあなたは「怖れ」を使って自分にダイエットさせようとするのです。
またまた鬼教官が「それ食べたら太るよ」「ちゃんとカロリー考えてる？」「お腹空いたとか甘いこと言ってるんじゃないよ」「もっと頑張って食べ物制限しなきゃダメでしょ」など、ずっと耳元で叫んでいる状態です。
それでダイエットが成功すると思いますか？　痩せることよりも、その鬼教官の言葉に耐えられなくなって逃げ出してしまいそうではありませんか？
「怖れ」を使って頑張ろうとするのは、ずっと自分に対して「怖れ」自体を突き付けているだけなのです。ナイフを喉元に突き付けられた状態でそんなに長い時間耐えられるものでしょうか？

自分のやる気を引き出すために敢えてプレッシャーを与えるのも時には役立つものです。
しかし、それは瞬間的な場面だけです。例えば「何とか今日中に資料をまとめなければ明日のプレゼンに間に合わない！」などの場合には有効かもしれません。
長期的な目標に向けて自己否定を繰り返すということは、どんどんやる気を削ぐようなことになると思うのです。
心理学にはこういう考え方があります。

「怖れ」は瞬発力があるが、持続力はない。
「愛」は瞬発力はないが、持続力がある。

学校の先生に「こら！　お前ら立て！」と言われたらみんなドキッとしてすぐに立ち上がり、無意識に気を付けの姿勢を取ると思うんです。これが瞬発力ですね。

しかし、その姿勢のまま先生に何十分も説教されたらすごく疲れてしまい、先生が教室を出て行ったあとはへたっと椅子に座り込んでしまいますよね。つまり、持続力がないんです。

一方、先生から「はあい。みんな、立ってくださーい！」って明るく言われたら、みんな「何だろう？」と思いながらばらばら立ち上がると思います。つまり、瞬発力はありません。

もちろん、姿勢も直立不動というわけにはいかず、リラックスして立っていると思います。そこで先生が優しく諭すような話し方をしてくれたら長時間の話もなんだかんだ耐えられます。つまり、持続力はあるのです。

だから、長期間にわたるテーマに取り組むときは、最初の一歩目は怖れでも構いませんが、あとはその目的を「愛」に変えていく必要があるのです。

ここで「愛」というととても大きなことのように思えるかもしれませんが、それを言い換えれば**「喜び、楽しさ、うれしさ、気持ちよさ」などのポジティブな感情**のことです。

だから、ダイエットを成功させたければ「このままだったらヤバいぞ。痩せないとモテないぞ」と自分を脅すのではなく、「楽しみながらダイエットをするにはどうしたらいいのか？」を考えるほうがお勧めなのです。

「ダイエットに成功したらかわいい服がいっぱい着れるぞー！　男子からもモテるぞー！　みんなに可愛いって言われるぞー！」という欲を出してもいいですし、「ダイエットしたら体が軽くなって動きやすくなるし、何より健康になるから気分もハッピー」という面に意識を向けてもいいでしょう。

「怖れから頑張る」のはとにかく失敗しやすい。

だから「どうしたら楽しめるのか？」をぜひ考えてみてください。それは自分で自分を楽しませるレッスンでもあります。

Work

目標がある人は、どうしたらその目標に至るプロセスを楽しく、面白く、喜びに変えられるか考えてみましょう。

負けを認めることが負けじゃない

自分に厳しすぎる人は他人と比較したり、競争したりすることを日常的にやってしまいます。

それは自分を「あの人は私よりも優れている」と比べる場合もあれば、「あの人には負けたくない」と競争心をむき出しにすることもあります。

そうすると心は日々戦争をしているような状態になりやすいもの。

誰かに対して張り合ってしまい、自分の優位性を主張してみたり、どっちが上でどっちが下かにこだわって相手の些細な言葉に過剰に反応したりすること、ありませんか？

特にそうした競争心が出るのは同じ仕事をしているメンバーやパートナーなど心理的距離が近い人たちに対してで、常にファイティングポーズをとるようなスタンスになります。

それでは常に緊張状態になり、相手のことを気にし続ける「他人軸」になります。

心は疲弊していくのはもちろん、関係性はうまくいかなくなり、時にはトラブルメーカーになることも少なくないでしょう。

そうした競争心が原因で離婚の危機を迎えたり、上司や同僚と衝突して会社を辞めざるを得なかったりした人のお話を聞いていると、「自分のほうが頑張ってきたのに」「自分のほうが優秀なのに」「もっとうまく行くように正しい提案をしてきたのに」「自分のアイデアのほうが斬新だしうまくいくのに」といった不満がたくさん出てきます。

それを聞いていると「確かにその通りだなあ、正しいことを言ってるんだよなあ」と感じますし、彼らはめちゃくちゃ頑張り屋さんで優秀なことも分かります。

でも、同時に心の内に秘めている「自信のなさ」もまた私の耳に届くのです。

ほんとうは自分の魅力や実力に自信がなく、しかし、そんな自分ではダメだと思って自分にムチを振るって頑張ってきたんです。何とか認められるように、何とか愛されるように。

そして、そんな弱い自分を隠すために理論武装をしたり、自分を良く見せようとしたり、マウントを取って相手より優位な立場に立とうとしてしまうのです。

つまり、そのような競争心が強い人ほど、実は心の中に弱い部分を抱えていつも強がって生きているのです。だから、そういう人は常に自分に厳しい目線を向けています。鬼教官が常駐しているわけです。

「そんな生き方、しんどくないですか？」とお聞きすると、一通り話し終えて少し落ち着いたクライアントさんは「ええ、確かにしんどいですよね」と苦笑いしたあとで「でも、どうしていいのか分からないんです」とおっしゃってくれます。

だから、私はそんなときに敢えて「負けを認めること」をお勧めします。敗北宣言です。

パートナーとの競争に、職場の人間関係での競争に負けたことを認めるのです。

でも、パートナーも職場の人間関係もそもそも争うものではありませんよね。むしろ、力を合わせてより良い関係を築いていくものですよね？

もちろん、そんなことは分かっています。しかし、**競争心が旺盛になってしまうのは、自分の弱い部分を出したら嫌われる、失望される、笑われる、見捨てられる、バカにされるなどの「怖れ」があるからです。**

つい自分を強く見せようとしてしまうのです。

だから、そうした強がりをやめるために「負けを認める」ということを推奨します。

それはもう争いの舞台から降りることを宣言することに等しいのです。

「私の負けです。あなたの勝ちです」

そう声に出して言っていただきます。なかなか言えないんですけどね。だから、私はじっと待っています。
　そして、その言葉を口にすると猛烈な惨めさや嫌悪感や屈辱感が襲ってきます。そして、すごく自分がちっぽけな存在になってしまったような、自分がすごく情けない存在のような気がしてきます。
　すごく弱く、何もできない人間のように思えてきますし、自分には何ら魅力や価値がないように思えてくるのです。

「ほんとうはずっと自分のこと、そういう風に見てきたんじゃないでしょうか？」
　外側からは優秀で、魅力的に振舞い、強く、しっかりしているように見せてきた人の内側にはこんなにも弱く、自己嫌悪でいっぱいなもう一人の自分が隠れているのです。
　その自分を隠して見せないようにしているうちは、ずっと強がる他ありません。
　だから、**負けを認めることで、そんなもう一人の自分を表の世界に出してあげるのです。**

「弱い自分でも受け入れられる」
「ダメな自分でも認めてもらえる」
「ちゃんとできてなくても許される」
「こんな自分でも愛される」
　そういう実感を得ることができたら、どれくらい人生は楽になると思いますか？

競争というのは勝ち負けの世界ですから、勝ち続けても孤独です。

しかし、自分の弱さを認めることができれば、ダメな自分を許すことができれば、素直に他人に助けを求めたり、お願いできたり、頼ったり、甘えたりすることができるようになります。

一人で強がる代わりに、つながりを作ることができます。

「あなたの弱さが相手の強さになる」という格言があります。

そうすると一人で頑張らなくても、自分の弱いところは相手にサポートしてもらいながら、逆に、相手の弱いところを自分が助けながら「チーム」を作っていくことができます。

全部一人で背負わなくても、誰かに荷物を持ってもらうことを許せるようになります。

ずっと楽になると思いませんか？

競争心には「相手の頑張りが自分に勇気とやる気を与えてくれる」というポジティブな面があります。

しかし、その一方でここで紹介したような「自信のなさを隠して勝ち負けにこだわる」という、まるで足の引っ張り合いのような競争心もあります。

後者の場合、誰も幸せにならないし、また、常に自分を厳しく監視していなければならないのでやがては燃え尽きてしまうのです。
　そんなときは「負けを認めること」がとても有効なのです。

Work

つい張り合ってしまう相手を思い浮かべて「私の負けです」と声に出して宣言してみてください。
心の中にずっとあった感情を感じることができ、肩の力が抜けてとても楽な気分になれると思います。そんな気分になるまで何度でも負けを認めてみましょう。

どこまでも
自分に素直になること

結局のところ、「どこまで自分に素直になれるのか？」というのが、自分に厳しすぎる人にとっての大目標になると思っています。

素直になる、ということは、今の自分のありのままの感情を認める、ということです。

しんどいときは「しんどい」。

イヤなものは「イヤだ」。

寂しいときは「寂しい」。

恥ずかしいときは「恥ずかしい」。

悲しいものは「悲しいんだ」。

ムカつくものは「ムカつく」。

惨めなときは「惨めだ」。

申し訳なく思ったら、「申し訳ない」。

そこで自分が感じた感情を「そんなこと感じちゃいけない」と思っても、感じてしまったものは感じてしまっているのです。だから、素直に認めることをお勧めします。

もちろん、私たちの心はそんな単純ではありません。

「悔しくて、惨めで、そんな自分がすっごく嫌で、でも相手に怒ってる自分がいて、負けたくなくて張り合ってもいて、そんな風に競争しちゃう自分は器が小さいなあと思って自己嫌悪して。でも、そんな様子は悟られたくないから表面上は強がっていて……」

という風に素直な気持ちを認めることにはかなりの抵抗が伴うものです。

でも、それを全部認めてみましょう。

それが今の私の素直な心の状態だと、白旗を揚げる勢いで認めるんです。

良いとか悪いとか、正しいとか正しくないとかではなく、そこにあるものだからただ認める、のです。

「あたし、すごくめんどくさい女なんです」

「あたし、すっごくややこしいんです」

と言う人をよくカウンセリングするのですが、私は即座に、

「めんどくさくない女なんていないし、ややこしくない人なんてどこにもいませんよ」とお答えします。

そうして葛藤して、悩んで、強がるような、弱い自分が「今の自分」なんです。

だから、それをただ受け入れるしかないんです。

私はクライアントさんやブログ読者さんから**「しゃあないや**

ん」が口癖の人だと思われています。

まさに、自分に素直になる合言葉としてそれを推奨したいと思います。

「ムカつくもんはムカつくでしゃあない。だってそう感じてるんやもん」と胸を張っていいんです。

そして、今の自分の気持ちを全部丸ごと「しゃあないなあ」と素直に受け入れることが自己肯定感なのです。

どんな気持ちを感じていたとしてもそれに素直になってみるんです。

人前では強がっていたとしても、自分の主義に反しているから認めたくなくても、でも、感じちゃったものはしゃあないんです。

それは自分は自分の心をちゃんと受け入れてあげる、ということになるんです。

Work

今日1日、あなたが感じた気持ちを、ただ素直に認めてみることにしましょう。それを「感じちゃったんだからしゃあないやん」と受け入れましょう。

好きなものは好き、嫌いなものは嫌い

何も考えず、「好きなものは好き、嫌いなものは嫌いでいい！」とまずは10回声に出して言ってみてください。
自分に厳しすぎる人は、これがなかなか言えないか、棒読みになってしまうものです。あなたはすっと言えましたか？
これは自分の気持ちに素直になる、という前項のテーマにもつながるものです。

好きなものに対して……「そんなものが好きだなんてダメだ。未熟だ。笑われる。恥ずかしい。情けない」。
嫌いなものに対して……「嫌いなものがあるという自分が許せない。それを嫌いになるなんておかしい。好きな人もいるのだからそれを嫌いなんてダメに決まってる」。
――自分に厳しすぎる人はこんな思考の罠にハマりやすいものです。

そもそも自分に厳しすぎる人は「好き」という感情を自分に許すことができなかったり、何かを好きになることを禁止したりしていて、「好きなものが分からない」「好きなものがない」という心境に至ることがあります。

また、「好き」「嫌い」は感情なのですが、これを思考的に「好きになるべき」とか「嫌ってはいけない」と自分の感情に制限をかけることもよくあることです。

例えば、

「上司は仕事ができるから今の役職についている。だから、たとえ性格が合わなくても嫌ってはいけない」

「こんな自分のことを求めてくれる人なんだから好きになってあげなければ失礼だ」

「青魚は健康にいい食材なんだからそれを嫌いなんておかしい」

みたいに、です。

自分に厳しすぎる人はこうした「正しさ」とか「理論」とか「常識」などを使って自分の感情をコントロールしようとしてしまいます。そういう人は好き・嫌いに限らず、自分の気持ちが分からなくなって、常に「どうすべきか？　どうしたらいいのか？　何をしてはいけないのか？」という思考に支配されて生きることになり、感情が抑圧されていくのです。

そうすると無表情になり、何をしてもつまらなくなって、「何が楽しいのか？　何が面白いのか？」が分からなくなってしまいます。

そうした状況が続くとどんどん気分が重たくなってきて全然

笑えなくなります。

私たちは感情の生き物ですから、感情を抑圧してしまうとロボットのようになってしまい、生きる意味すら見つけられなくなってしまうことがあるのです。

「私って、何のために生きているのでしょうか？」

長年カウンセリングをしていると、そんな問いを投げかけられることも少なくないものです。

イキイキと感情を取り戻し、人間らしく生きられるようになるために「感情を感じる」ということがとても大切です。

そのときの合言葉が「好きなものは好き、嫌いなものは嫌いでいい！」なんです。

周りを見渡してみれば好きなもの、嫌いなものがはっきりしている人ほどイキイキした人生を生きているように見えませんか？

自分に厳しすぎる人にとって、この「好きなモノは好き、嫌いなもんは嫌い」と堂々と宣言することは、人間らしく生きるためにはすごく重要な心がけになります。

あなたは「好きなものを好きと認める」あるいは「嫌いなものは嫌いでしょうがない」ということをどれくらい抵抗なく受け入れられるでしょうか？

とてもシンプルなことだけに、すごく重要な心の見方だと思うのです。

Work

好きなもの、嫌いなものをそれぞれ50個ずつリストアップしてみましょう。

良い・悪いの判断を捨ててみる

自分の気持ちにとことん素直になっていく上で、様々な葛藤が現れます。

その多くは幼少期から身に付けてきた観念で、「何が良くて何が悪いのか？　何が正しくて何が間違っているのか？」という思考的な判断を伴うものです。

例えば、同僚からの些細な一言でイラっとしたとき。

そのときに「この程度のことで怒っちゃうなんて、私って小さい人間だな」と思ったことはありませんか？

例えば、友達から結婚が決まった、という報告をもらったとき。表面上は「おめでとう！　結婚式にはぜひ呼んでね！」と返事をしたけど、心の中は複雑で、嫉妬したり、悔しかったり、先を越された惨めさを感じたりしている自分がいます。

そのとき、「大好きな友達の結婚を素直に祝ってあげられない私ってダメダメだな」なんて思ったりしませんか？

例えば、仕事でミスをして、上司に小言を言われたとき。

素直に謝ればいいって分かっているのに、つい言い訳をしてしまい、ますます上司を怒らせてしまい、「なんであのとき私は素直になれなかったんだろう？　言い訳なんてしても仕方がないのに」と自分を責めたことはありませんか？

例えば、恋人からデートの約束をキャンセルされたとき。

「忙しいんだから仕方がないよ。また次楽しみにしてる。お仕事頑張ってね」と返信しても、心の中はがっかりと悲しさと寂しさでいっぱいになり、友達に愚痴ってる自分がいます。

その友達にも「素直に嫌だ、寂しいって言えばいいのに」と言われて、ついいい人になってしまって素直に気持ちを伝えられない自分に嫌気がさしたこと、ありませんか？

どのシーンも自分が感じた素直な気持ちを横に置いて、「ここはこう返した方がいい」「ここは怒るべきではない」などと頭で考えて判断しています。

自分の気持ちよりも、どうすべきかを優先したり、自分が感じた感情に対して良いか悪いかを判断したりしているのです。

「大人だからそうするのは当たり前」と思うかもしれませんが、こうした行為は結果的に自分の感情を抑圧することになりますので、その後、しばらくモヤモヤし続けることになります。

感情よりも思考を優先させると、すっきりしない気分のまま過ごすことになってしまうのです。

私たちは「こうすべき、ああすべき」という観念を数千、数万持っていると言われ、また、様々な価値観に従って良い悪い、正しい間違っているという判断を「思考的に」行います。
そうした観念や価値観は自分の心を窮屈にし、縛るものになり、このモヤモヤした、すっきりしない気分を作り出すのです。
自分に厳しすぎる人はこの観念や価値観の束縛が非常に強く、「よい行い」や「正しい行動」をしなかった場合はひどく自分を罰してしまうのです。

だから、自分の感情に素直になろうと思ったら、この観念や価値観に基づく思考的な判断をできるだけ手放していくことが重要なんです。
こういう話はカウンセリングの中では頻繁に出てきます。
「ああ、また頭で考えて判断して自分を罰してるよね」「あれ？今も正しさにこだわっちゃってない？」などと指摘することも多いのです。

リアルタイムに反応できなくてもいいんです。長年の癖だから急には直りません。
だから、ついイラっとしちゃってそんな自分を嫌悪するのも、友達の結婚を素直に喜べないことも、素直に謝れなかったことも、恋人の前でついいい彼女を演じてしまったことも、「やっちゃったことだから、しゃあないよね」とまずは受け入れる。
そして、そんな自分を「肯定」していくんです。

「ああ、小さい人間だと思っちゃったけど、でも、イラっとしちゃったんだから、しゃあないよね」
「友達の結婚を素直に祝ってあげられないのも、しゃあないよね。私だって結婚したいんだから」
「ミスの言い訳をしちゃうのも私らしいと言えば私らしいよね」
「忙しい彼に寂しいとか悲しいとか言えないよねえ」

それは**「仲の良い友達に接するが如く自分に接する」**ということなのです。
だから、カウンセリングではこんな風にお伝えします。

「もし、あなたの仲のいい友達がそんな風に言っていたら、あなたはなんて言ってあげる？　例えば、その友達が『同僚の一言にイラっと来ちゃって、そんな自分って小さいなあ、と思っちゃったよね』とあなたに話してくれたら、あなたはなんて言ってあげる？」

たぶん、そこで「ほんと、あんたは小さい人間だよねー」なんて言わないと思うんです。
むしろ「そういうことってあるよねー。誰でもあることだと思うよ。あんたは別に小さい人間じゃないじゃん」なんて言ってあげると思いませんか？

Chapter2で紹介したように、自分に厳しすぎるあなたも、きっと友達には優しく接することができるし、友達のことなら簡単に許せます。

だから、自分自身に対して友達に接するように接してあげる意識を持つことで、あなたは自分にも優しくできるようになっていきます。

この「受け入れること（受容）」と「肯定すること」は自分に対してやろうとすると難しいんですが、「友達だったらなんて言ってあげるかな？」という発想を持つことで、自分への厳しすぎる態度を改めていくことができるのです。

そして、これを繰り返すと、どんどん自分を縛っていた観念や価値観もゆるんでいき、やがては気にならないようになるでしょう。

Work

あなたが最近自分に対して厳しい判断をして責めてしまったシーンを思い出してください。もしそれがあなたの友達がしたことだったら、なんて言ってあげますか？

「自分はダメなところばかり」と思っていない？

さて、自分に厳しすぎる人はより理想を高く掲げるからか、あるいは、現状に満足してはいけないと思い込んでいるからか、あるいは、ただただ自分のことが嫌いだからか、理由は様々ですが、とことん自分の価値を受け取ろうとしないんですよね。

この本をお読みの皆さんはきっと「自分に厳しすぎる」という自覚があろうかと思いますので、ぜひ次の質問を一旦本を閉じてやってみてください。

Work

あなたの魅力や価値、長所を3分間で30個見つけてください。

……いかがでしたでしょうか？

いくつくらい見つかりましたか？

もし、30個見つけられなかった方はぜひ「ああ、あたしは自分に厳しすぎて価値を受け取り切れてないみたいだ」と気づいてください。

「自分には愛される価値なんてないんだ」と思い込む感情を「無価値感」と言います。
この無価値感は、自分を責めるためにはかなり重宝する感情で、自分に厳しすぎる人にとってはかなり愛用されているアイテムと思われます。
無価値感があると「愛される価値なんてない」と思うだけでなく、自分には魅力も才能も長所もなく、ダメなところばかりだ、と自己評価してしまいます。
だから、「恋愛がうまくいかないのは自分に魅力がないからだ」と決め付けますし、「親しい友達がいないのも自分はとりえのない人間だから」と思い込みますし、「こんな安月給の会社にしか雇ってもらえないのも自分には才能がないからだ」と信じ込んでいます。

何かうまくいかないことがあったときに「自分には価値がないからだ」と思うんです。
読者から頂いた自分に厳しすぎる事例にもありましたが、「うまくいっても自分の成果だと思えない」のもまた、無価値感がそう思わせているのです。
この無価値感にとらわれているときは、自分のダメな部分しか見えませんし、ひどいときには「自分は生きている価値すらない存在だ」なんて思ってしまうこともあるくらいです。

気分は最悪で、すごく惨めだし、自分が情けないし、すごく自分がちっぽけで大したことのない人間に思えますし、自分なんていなくても誰も困らないように感じてすごく寂しくなったりもします。

壮絶な自己嫌悪が渦巻く世界を創り出すのが無価値感なんです。

この無価値感は誰の心の中にもあるものですが、これが強くなると愛が受け取れません。

褒められても素直に喜べませんし、成果を上げても「偶然、たまたま、まぐれ」とうれしくありません。

また、誰かが目の前で他の人を褒めていたら「ああ、やっぱり私はダメなんだ」と全然関係ないはずなのに一人落ち込んでしまいます。

さらに、価値のない自分は放っておくと存在感を失い、みんなから忘れられてしまう、見捨てられてしまう、という怖れから逆に自己顕示欲が強くなって自分を変にアピールしすぎるところもあります。

自分に厳しすぎる人はその厳しい基準によって自分を見ているので、この無価値感はとても強くなります。

「自分の価値」に実感を持つには

では、この無価値感を癒すにはどうしたらいいのでしょう？

もちろん、シンプルに「自分の価値をたくさん見つける」という方法が有効なのは言うまでもありません。

私のお弟子さん向けの講座では、そのカリキュラムの中でこんな宿題を出しています。

「自分の価値・魅力・長所・才能を100個見つけてください。その見つけ方も自分で考えてください」

すると、いろんな見つけ方が今まで出てきました。

■自分で見つける。
■いろんな人に聞く／SNSでつながっている人に聞く。
■過去に言われたことを思い出す。
■「投影の法則」を使う。

⇒「他人に見えるものはすべて自分の心の中にあるもの」というもの。「あなたの周りにはどんな魅力を持った人がいますか？」という質問に答えていくと、そこから出てくるものは自分自身の魅力なのです。

■短所→長所変換

⇒企業研修などでも用いられる有名な実習。例えば「わがまま」と言うと短所に思えますが、「自由」「自分の意見を持っている」「自分を大事にできる」という風に捉えれば長所になります。「わがままな人のいいところはどこ？」という風に考えると見つけやすくなります。

こうして自分の魅力や長所をたくさん見つけていくと、その内容はもちろんですが、「自分の長所を探そう」という試み自体が無価値感を癒すことにつながります。

ですから、私がこの課題を出すときはできるだけ時間をかけることをお勧めします。

そのためにその数を100個とか300個とか時間をかけざるを得ないように設定します。

時間をかけることで、「私の魅力は何だろう？」ということを考える期間が長くなるので、その思考が習慣化しやすくなるのです。

また、無価値感を癒す方法はほんとうにたくさんあって、個人セッションなどではそれをその人に合ったやり方で紹介しています。

○自分が今、持っているものに価値を見る

持っている服、アクセサリー、家電、ベッド、キッチン用具などを一つ一つ取り上げ、その価値、魅力を見つけていきます。自分の部屋にあるものに価値を見ることができれば、素晴らしい価値を持つものに囲まれて生活していると実感できます。

○１日１つ、人を喜ばせることをする

直接何かを手伝ってもいいですし、コンビニの募金箱に思いを込めてお金を入れるのもありですし、プレゼントや感謝のメールでもいいでしょう。誰かが喜んでくれる姿を見たり、想像したりすることで、それをしている自分に価値を感じられるようになっていくのです。

○毎日、寝る前に誰かに感謝する

今日出会った誰かに感謝することで、心が解放され、気分がとても良くなるだけでなく、自分の存在に価値を感じられるようになっていきます。また、寝る前にやってみると眠りの質が良くなったり、夢見が良かったり、朝、爽やかな気分で目覚められる、などのお話をたくさんいただきます。

○褒め日記を付ける

自分で自分を褒めることは自己肯定感をあげ、無価値感を癒すことに直接的な効果があります。今日の自分の言動を意識的に褒めていくのです。否定的な感情や思いが湧き上がってくるかもしれませんが、そこはスルーして大丈夫。ただ今日の自分を褒め続けてみるのです。

Work

提案したワークの中で「面白そう、やってみたい」と思えるものを1つ選んで継続してみてください。習慣になるくらい続けてみると、数週間後には何らかの変化を感じられるはずです。

他人と比べる
クセから卒業する

さて、自分に厳しすぎる人はとても厳しい基準を持っているだけでなく、“自分にダメ出しをするために”敢えて他人の長所を持ち出して自分と比較することがあります。そうして相手の長所と自分の短所を比べるのです。

「あの人にはこんないいところがあるけど、私には全然ない」
「この人がふつうにできることが私は全然できてない」という比較を、よくやってしまっていませんか？

これは、自分よりも相手を優先している「他人軸」な状態です。

だから、そのことに気づいたら、意識的に「自分軸」に変えることをお勧めします。そうして「自分軸」になれると誰も得しない自己攻撃をやめていくことができます。

具体的には、相手と自分の間に線をしっかり引くイメージをしながら、
「私は私、人は人」
「私は私、相手は相手」
「私は私、○○さんは○○さん」

という“呪文”を唱えるのです。

すなわち、「また同僚のAさんと自分を比べてしまってる！」と気づいたら「私は私、AさんはAさん」と何度も何度もつぶやいて線引きをするイメージをします。

そうするとある時点で心がふっと落ち着くというか、楽になる瞬間がやってきます。それがAさんと自分を比べなくなった感覚なんです。

こうして線引きをした上で、さらに「自分軸」を強固にするために「自分に意識を向ける」ということをやってみます。

それは次のような問いかけを自分に対してしてみることで、これで意識を相手からより切り離すこと（より「自分軸」を確立すること）ができます。

「私は今、何を感じているの？」

「私は今、どうしたいの？　何を求めているの？」

「私は今、どうなりたいの？」

答えがすぐに浮かばなくても構いません。この質問をすること自体で「自分軸」が確立されていくのですから。

そして、この自分への問いかけは「心との対話」でもあり、自分の心の声を聞き、心とつながることができるようになります。

心とつながりを取り戻すと私たちは安心感に包まれます。

そして、もし答えが返ってきたらその答えをただただ「受容」

します。否定せずに「そうだよね。そう思っちゃうよね」という感じで受け止めるのです。
それは「仲のいい友達の話を聴くつもりで」やってみるとうまくできるようになると思います。

「私は今、何を感じているの？」
「私はAさんの方が周りの人から評価されているように感じてる。それで惨めな気持ちになっている。やっぱり自分はダメなんだってまた自分を否定している」
「そっか。私は惨めな気持ちになってまた自分を否定しちゃってるんだ」

「私は今、どうしたいの？　何を求めているの？」
「私はAさんと自分を比べるのをもうやめたい。それから私もちゃんと評価されたい。私だって頑張っているのだから」
「そうだよね。私だって頑張っているものね。ちゃんと評価されたいよね」

「私は今、どうなりたいの？」
「私は楽になりたい。誰かと自分を比べて落ち込むのはイヤ。自分は自分でいたい」
「そうだよね。自分でいたいし、楽になりたいよね」

ポイントは「私は」という主語を、明確に意識することです。

これがすごく大事で、**「他人軸」から抜け出せていないとすぐに主語が「Aさん」になってしまうんです。**

そして、ポジティブな気持ちが出なかったり、前向きな言葉にならなくても全然かまいません。

だから、返ってきた言葉に対して批判的な反応をせずに、「うん。そうか。そうだよね」とただ聴いてあげることをちょっと頑張ってみてください。

Work

「私は私、○○は○○」の○○に人の名前を入れてやってみてください。できるだけ近い関係の人がお勧めです。それから、この○○、人じゃなくて「お金」「会社」などのモノにも有効です。

自分を傷つける
罪悪感をほどくために

カウンセラーとしてクライアントさんのお話を聴いていて「自分にめっちゃ厳しすぎるなあ」という印象を感じたとき、真っ先にその原因として浮かぶのが「罪悪感」です。

あなたもふだんから罪悪感という言葉を使うことがあると思うのですが、心理学で扱う罪悪感はもう少し広い意味を持ちます。

一般的に罪悪感というと「誰かを傷つけてしまった」「誰かに迷惑をかけてしまった」「誰かを困らせてしまった」といったときに生まれるものです。罪悪感の中でも「加害者の心理」と言えるものです。

しかし、罪悪感にはほかにもいろいろな種類があります。

■助けたいのに助けられなかった。役に立てなかった「無力感」。
■見捨ててしまった。見過ごしてしまったという「何もしていない罪悪感」。
■私ばっかりいい思いをして申し訳ないという「恵まれていることへの罪悪感」。
■私は穢《けが》れている、人を傷つける存在でいないほうがいいという「自分が毒である感覚」。

なども含まれます。

罪悪感は **「自分は悪い奴だ。だから罰せられなければならない」という思い込みを作るので、自分が幸せになることを懸命に阻害します。**

まるで幸せにならない努力をしているかのようにです。

また潜在意識に深く入り込んだ罪悪感は自分を罰する（傷つける）ような現象を引き寄せたり、うまくいきそうになると自らそれをつぶしてしまったり、自分でも罪悪感が原因とは分からないことも多く起こします。

そうして罪悪感が強い人ほど自分を激しく罰します。

つまり、自分自身に対して非常に厳しい言動を取るのです。

自分は罪人なのだから「楽してはいけないし、休んでもいけないし、奴隷のように動き続けなければならないし、不自由でなければいけない」のです。自分を傷つけ続けるのが罪悪感なのです。

だから、もしこの罪悪感の話を読んで何か腑に落ちる感じがするのであれば、あなたが自分に厳しすぎる理由のひとつが罪悪感だと思っていいでしょう。

自分を許すことができれば罪悪感を癒せます。

でも、「じゃあ、自分を許しましょう！」と提案されても、すぐには自分が許されていいとは思えない人も多いんです。それよりももっと罰を与えなければいけない、と思ってしまうほどです。

そこで、罪悪感を手放して自分を許せるようになるためのいくつかの方法をお伝えしたいと思います。罪悪感を扱う方法は大きく2種類あって**「誰に対して罪悪感を覚えているのかが分かっている場合」**と**「原因が分からない罪悪感」**があります。後者がより潜在的な罪悪感であることが多いです。

まず、罪悪感の対象が明らかな場合です。加害者であったり、無力感や何もしていない罪悪感です。

○「ごめんなさい」と「ありがとう」の手紙を書く

私はクライアントさんとのセッションやその後に出す宿題で「出さない手紙」を書くことをよく提案します。その相手とも自分自身とも向き合える効果的な方法です。

罪悪感を覚えているその相手に対し、謝罪の手紙を書きます。出さない手紙ですからどんなことを書いても構いません。心の中に浮かぶ言葉を何度も何度も書いていきます。

そして、この謝罪の手紙を書いたら次は「感謝の手紙」を書きます。こちらのほうがはるかに心理的なハードルは高いので、謝罪の手紙である程度すっきりした気持ちになっておくことが前提となります。

こちらもどんな言葉が出てきても構いませんし、長くても短くても大丈夫です。その相手に対して感謝する気持ちを次々と言葉にしていきます。**「感謝」は「許し」です。**だから、感謝の言葉を連ねていくうちに罪悪感も癒されていくのです。

この「謝罪の手紙」「感謝の手紙」は、できれば、週に1回の頻度で1～2か月間（4～8回）は続けてみると、自分の気持ちの変化も分かってより効果的です。かなりエネルギーを使いますし、時間もかかりますから、休日などに取り組むのがいいかもしれません。

あるクライアントさんは両親や旦那さんへの罪悪感を癒すために、大阪市内のホテルに宿泊して1泊2日の合宿をして心の中にある思いをありったけ吐き出したところ、気が付けば眠っていてチェックアウトの頃には不思議なほど心が軽く、見える世界が変わっていたと言います。

次に罪悪感の原因が分からない場合です。恵まれていることへの罪悪感や自分は毒であるような観念を持っているパターンです。

○神社などに詣でて手を合わせる

心の中の罪悪感を洗い流す感覚を持てる場として神社はふさわしい場所だと私は思っています。家や職場の近くの神社で構いません。

そこで手を合わせ、罪悪感を神様に差し出すイメージをします。自分ではどうしようもない罪悪感を神様に渡して処理していただくのです。

○シャワーを浴びるときに心が浄化されるイメージをする

シャワーを浴びるときに、お湯によって心の中の罪悪感も一緒に洗われ、排水溝へと流れていくシーンを想像してみます。

毎日浴びるシャワーのたびに罪悪感が体の中から排水溝に流れていくシーンをイメージすることで潜在意識に入り込んでいる罪悪感を楽に処理することが可能です。

しばらく続けていると「最近なんか心が楽だ」と気づいたり、周りの人から「なんか表情が明るくなったね」と指摘されたりするようになっていくでしょう。

○感謝の手紙を１日１通書く

再び「感謝の手紙」が出てきましたが、ここでは自分がお世話になった人、自分に関わってくれた人、自分を愛してくれた人など、ふと思いついた誰かに感謝の手紙を書きます。同じ人が連日出てきても構いません。

やはり「感謝」は「許し」です。

この手紙を１日１通書いているとやはり心が軽くなり、明るくなっていくのが感じられると思います。クライアントさんの中には緊張感が和らいだのか、肩こりなどの体の不調が和らいだという人もいるくらいです。

この感謝の手紙は実際に投函しなくてもいい前提で書くものです。ただし、できるだけ本人に渡すつもりで書いたほうが効果が高いのは言うまでもありません。

そして、**直感的に本人に渡したくなったら切手を貼って出してみてください。**インターネットが主流の今の時代、直筆の手紙は良い意味で重みがあり、さらに良い関係を築くのに役立ってもくれるでしょう。

Work

「今も関係はいいけど、もっと良い関係になりたい人」を思い浮かべ、感謝の手紙を書いてみてください。罪悪感を覚えている相手を選ばなくても構いません。

「これが今の自分」でいい

本章で自分が抱いた感情を「しゃあないやん」と受け入れる提案をしたのですが、それを「今の自分を丸ごと受け入れる言葉」として応用してみます。

今の自分を丸ごと受け入れるとは、すなわち、「自己肯定感」をあげることにつながり、自分に厳しすぎる態度を和らげます。

例えば、他の人がふつうにできるのに自分が苦手なことはありませんか？

そのときあなたは自分自身にどんな態度を取るでしょう？

ついつい自分にダメ出しする厳しすぎる態度を取ってしまいませんか？

それを敢えて「しゃあないやん。それが自分なんだから」と言ってあげます。

例えば、今日こそはイライラせずに優しく彼に接しようと思っていたのに、彼の態度が悪くてついムカッとしてしまったあと。あなたはどんな気分になり、自分にどう思いますか？

それを今日は**「それが私なんだからしゃあないやん」**と言っ

てみてください。
「イライラしやすいのも私、今日の彼の態度にムカついてしまったのも私。私ってそういう人間なんだからしゃあないやん」と。

例えば、周りの人から「大丈夫？　仕事の量すごいけどしんどくない？」と心配されて、つい強がって「全然大丈夫。ほんと余裕余裕」と言ってしまったあと。「全然大丈夫じゃない。手伝ってもらえばよかった」と後悔してしまうこと、ありませんか？
そんなときは**「それも自分なんだからしゃあないやん」**と言ってあげるのです。

例えば、他人と自分を比べるのはダメだという話を読んで、確かにそうだと納得した直後。友達と自分を比べて凹んでしまうこと、ありませんか？
そういうときこそ**「しゃあないやん、それが今の私なんだから」**と許してあげます。

例えば、「今日こそはちゃんと原稿を書こう！」と思っていたのについYouTubeに夢中になってしまい、全然原稿が書けなかったとき、今までのあなたならどうしていたでしょう？
今までの私だったら「ああ、なんか時間を無駄にしてしまった」とイヤな気分になるでしょう。そんなときに「しゃあないやん。それが今の自分なんだから」とただ肯定するのです（これはこの原稿を書いている、まさに今の話です笑)。

ほかにもあらゆる場面で「しゃあないやん。それが今の自分なんだから」とただただ受け入れ、自分を許してあげるようにするのです。

しかし、自分に厳しすぎる人は、

「それって自分を甘やかしすぎてない？」

「開き直っているだけで、それって良くないような……」

「自分のダメなところをそんな言葉で許してしまったらもっとダメな自分になりそう」

「なんかすごく生意気なこと言ってるようで人から嫌われそう」

などと思ってしまうかもしれません。

そう、**それこそが「自分に厳しすぎる証」**なのです。

「甘えはよくない」とずっと思ってきたんです。

「成長するためには自分に厳しくしないと」と思ってきたんです。

「開き直るのはよくない」と思ってきたんです。

「自分に厳しくしていなければ、自分はダメになる」と思ってきたんです。

でも、**「しゃあないやん。それが今の私なんだから」という言葉は、今の自分を受け入れようとする姿勢に他なりません。**

それは「現在地」を知るための、とても積極的な行動なのです。

今の自分を受け入れられずに否定するということは、「今自分がいる場所」を否定するということになります。

例えば、私がその日の午後に東京でセミナーがあるにもかかわらず、朝9時に大阪の自宅で目が覚めたとしましょう。

その瞬間、「ヤバい。寝坊だ！　遅刻しそう！」と焦るわけです。

もし、そのとき「いやいやここは大阪じゃない。東京のホテルだ」などと現実を否定してたらどうなるでしょうか？　そこで「なんで寝坊したんだ！　目覚ましはかけたのか？」と自分にダメ出しをして、一人反省会を1時間も続けたらどうなるでしょうか？

その現実を認めたくなくても、実際に体が大阪にあり、寝坊したことを受け入れなければ、多くの参加者さんに迷惑をかけることになってしまいます。

事実、朝9時に大阪の自宅で目覚めたとしても、超特急で準備をして新幹線に飛び乗れば、何とか午後イチにはセミナールームのある神楽坂に着けるのです。一人反省会を始めるくらいならさっさと出かける準備をしたほうがいいわけです。

自己肯定感がなぜ大事なのかと言えば、「今自分がいる場所（＝現在地）」を知り、受け入れることだからです。
そうして、現在地が分かれば、目的地までの最適な経路も決まり、どう行動すればいいのかも分かります。

「今の自分は周りの人がふつうにできることもできない」ということを、ただありのままに受け入れることで、「じゃあ、自分はそこからどうする？」という目的地を設定し、そこに向けて出発することができます。
「ふつうにできることができない」ときに「できるようになる」をゴールにしてもいいです。「できないことを受け入れて、できる人にお願いする」をゴールにしてもいいでしょう。

だから「しゃあないやん。それが今の自分なんだから」とまずは今の自分を受け入れること。
すると、「で、どうする？　どこに向かう？」という行動を選択できるようになるのです。

Work

あなたがここは自分の欠点だと思うところを見つけ、それに対して「しゃあないやん。それが今の自分なんだから」と受け入れてください。

Chapter

4

自分を
甘やかすほうが、
幸せへの近道

短所を直すのを、あきらめる

今まで自分の欠点を直そうとして、直ったことってどれくらいありますか？

たぶん、最近も自分の欠点がイヤになって直そうとされたかもしれませんが進捗状況はどうでしょうか？

意外と欠点って直らないことが多いと思いませんか？　特に大人になってからは。

片付けられない自分が嫌で「出したらきちんと片付けること！」と決意してキッチンの壁にその標語を貼っても数日たつとそれを見るのがイヤになってきませんか？

「時間にルーズだからそれを直さないと嫌われる」と思い、ちゃんと時間を守れるように頑張っても、なぜか遅刻してしまって「今日はちゃんとしようと思ったのに」といっそう強く自己嫌悪しませんか？

仕事で些細なミスが多いからと書類をきちんとチェックするようにクセを付けようとしたのに、ついつい忘れて上司から怒られてすごく嫌気がさしたことはありませんか？

自分は感情の起伏が激しいからもっと穏やかに人に接したいと思っていても、ちょっとしたことでイラっとしてしまって

「自分はダメだ」と情けない気持ちになったことはありませんか？

自分に厳しすぎる人は、自分の欠点と思われる部分については鬼教官のように厳しく指摘し、その欠点を直すように求めます。

でも、そうして自分の欠点ばかりに注目してもロクなことはありません。いつも自分の欠点に意識を取られていると自分の長所が全然見えなくなります。

欠点ばかり見ているので「ほんとうに自分は何もいいところがない人間だ」と思い込んでしまいます。

また、欠点だと思っていることは、意識的にやっていることではありません。

気が付けば部屋が散らかっているし、なぜか待ち合わせの時間を過ぎてしまうし、自分ではちゃんとできたと思ってもミスがあるし、平和に穏やかに過ごしたいと思っているのに気が付けば怒ってしまっているわけです。

しゃあないんです。

欠点って、直らないんです。

だから、「その欠点を直すこと、あきらめましょ？」とよく提案するんです。

これは、自己肯定感をあげる方法でもある「前向きなあきらめのススメ」です。

自分に厳しすぎる人は「〇〇すべき」という観念を強く持っていたり、「こうあるべき」という理想を掲げていたり、「周りの人はできてるのに」と比較したり、欠点のない完璧な人間になろうとしていることが多いと思うのです。

だから、そんな方々に肩の力を抜き、自然体で生きていけるように「ありのままの自分を受け入れましょう」という意味で、そう提案しているのです。

欠点だけではありません。

意地を張っていること、誰かと張り合ってしまうこと、無理して頑張っていることなど、あらゆることにこの「あきらめのススメ」は効果があります。

「『できないことをやろうとする』をあきらめる」と捉えてみると分かりやすいでしょう。これは次項の「怠け者のススメ」にもつながりますが、ずいぶんと肩の力が抜けると思います。

大切なことは「しんどい、やりたくない、イヤだ、無理だ」という心の声に従ってあきらめる、ということです。

やりたいこと、好きなこと、前向きに頑張りたいこと、努力したいと思うことをあきらめる必要はありません。

つまりは、自分の心に素直になるということであり、自分に優しく、自分を甘やかすためにすごく有効な方法です。

「そんなに無理して頑張る必要あるの？　だったらあきらめてもいいんじゃない？　どうせやりたくないことなんだから」と自然と自分に言ってあげられるようになったら最高の状態です。

Work

あなたの日常生活の中でまずひとつ、何かをあきらめてみてください。

忙しすぎる頭の中を怠けさせて

あるクライアントさんに「あなたはほんとハードワークしていますよね？」とお伝えしたのですが、彼女は「いえ、全然忙しくないんです。残業も休日出勤もほとんどないし、在宅勤務も自由にできるので」と困惑した表情でおっしゃっていました。

私は「いやいや、頭の中がね」とお伝えした後に、こんな話をさせていただきました。

「確かに実働時間は短いかもしれませんが、常に頭の中は忙しく動いていますよね？　仕事から帰った後も一人反省会を開きつつ、家事も相当きちんとされているようで心が休まる暇なんてないんじゃないでしょうか？」と。

そうすると彼女は「そう言われてみれば、常に何かを考えてます。**『あれやらなきゃ、これやってない』という風に、いつもやるべきことに追われています**」と。

自分に厳しすぎる人は、実際に行動しているかどうかは別として、常に頭の中が忙しく、思考している状態です。

「まずはコレをしなければならない。その次はアレをやって、そのさらに次はソレをやって……」という風に考えています。

「こんな自分はダメだ。もっと頑張らなければ」「あれができなかった。これができなかった」と一人反省会を常に開いて、頭の中はすごく忙しいのです。

朝から晩まで休みもないような働き方をしている人以外でも、彼女のように常に頭の中で何かを思考している人もハードワーカーと言えるでしょう。

「忙しい」というのは「心を亡くす」と書きますが、自分の気持ちとつながったり、対話したり、いたわったり、ねぎらったり、休ませたりすることができない状態になっています。

常に思考に支配される生き方は、心を亡くした状態なのです。

自分に厳しすぎる人は、常に自分を厳しく監視し、コントロールしようとしていますから、心を亡くしている人が意外と多いものです。

しかも、長年の習慣からそのことに気づきにくい人も多いです。

でも、実際に朝から晩まで仕事をしている人でも、楽しんでいたり、メリハリを付けて休みを取ったりする人は充実感も達成感も実感できるケースも多くあります（ただ、それだけ仕事に時間を割くと家族との関係に問題が生じることもありますが）。

つまり、「忙しい」という状態は物理的な仕事量や時間で決まるのではなく、頭の中で起こっていることと言えます。

そこで、頭の中が忙しい人には、「怠け者のススメ」をしています。サボること、手を抜くこと、ときに不真面目な行動をしてみることです。思い切って「ズルさ」を自分に許してみるということです。

自分に厳しすぎるがゆえに頭の中が忙しくなってしまっている人は、当然サボったり、手を抜いたりすることが苦手です。

「もっとゆっくり過ごしたい」「ちゃんと休みたい」「もっと自分を大事にしたい」という“考え”はあるものの、それを実践しようとしてもできない人がいます。

「ゆっくり休むつもりでソファに座ってお茶を飲み始めたけど、気が付けば仕事のことを考えてる」みたいに。

確かに自分に厳しすぎるがゆえにきちんとしたい、周りに迷惑をかけたくない、ちゃんとしたい、という思いを持つ人は常に緊張状態にあるので、力を抜くことすら苦手なものです。

そういう場合に、まず取り組んでいただきたいものを紹介しましょう。

「明日でも良いことは明日に回す」

「誰かに任せられるものは人に任せる」

「1日のうちに30分程度、意識的に怠けてみる実験を行う」

「贅沢する日と決めて、ちょっといいスイーツやお酒を頂く」

「敢えて今日は怠ける日と決めて、朝からケーキを食べたり、ワインを飲んだりしてみる」
「週に１度は会社を早帰りするキャンペーンを自主的に行う」
「在宅勤務中、急ぎの仕事がないときに昼寝したり、散歩したりして、昼の街を体感してみる」
「週に１日は親としての休日を作る」

怠け者（不真面目さ）をわざわざ勧めるというのも変な話かもしれません。

ですが、それくらいの意識を持たないとなかなか自分を甘えさせられなかったりするものです。

自分に厳しすぎる人は、怠け者になった自分を後から責めてしまうんですね。

だから、**自分の意志で「決める」ということがすごく大事です。**「今日は怠ける日と決める」「今週の木曜日はママの休日と決める」という風に、です。

自分の意志で決めた分だけ、自分への責めはマシになります。そこで気が楽になった感覚をつかめたら最高です。

日常の疲労やストレスから「何もせずにただゴロゴロして休日を過ごしてしまった」ということが多い人も、「今日はゴロゴロしまくる日にする」と自分の意志で決めていればマシになる、というわけです。

こうした日を定期的に設けることで、「木曜日までは何とか頑張ろう」と思えるようになって、他の日の過ごし方にも余裕が生まれます。

　また、たとえば木曜日にしっかりサボることで、他の日も無理しないようになっていくものです。

　1人暮らしならまだしも家族などの同居人がいる場合はなかなか怠け者の日を設定しにくいと思います。

　そこは自分のために、また家族のためにも強行突破してしまう勇気も必要ですが、気を使ってすぐには難しいと感じられる人は**1日丸ごとではなく、まずは数時間怠け者になってみることから始めてみると自分責めもマシになるでしょう。**

　こうして怠け者になることを繰り返していくと、頭の中が徐々にゆるんでくるのが感じられると思います。

Work

「怠け者になる日」を決めて実践します。その日をいつにして、どんな風に過ごすかを自分で決めましょう。

しなきゃいけないことは「しなきゃいい」こと

今日の出来事を振り返ってみましょう。昨日でも構いません。

1日を振り返ってみて「心が喜んだこと」を思い出してみてください。いくつくらい思いつきますか？

「あんまり思いつかないなあ」という人は、もしかすると心の声を無視して頑張りすぎているのかもしれません。

自分に厳しすぎて義務感に囚われたり、「他人軸」で生きていたりする人は、自分の気持ちに意識を向ける間もなく、周りの目に意識が飛んでしまいます。

心が「えー、やだよー。やりたくないよー」と感じていても、それを無視している、もしくは「そんなこと言ったってやらなきゃいけないでしょ！」と自分に厳しく接してしまいます。

そういう場合、何かをする前に「心が喜んでる？」と確認する習慣を付けることをお勧めします。

「それ、心が喜んでる？」

「それ、うれしいこと？」

「それ、したいこと？」

という風に、です。

もちろん、自分に厳しすぎる人の日常に「心が喜ぶこと、楽しいこと、うれしいこと、したいこと」が、そんなに多くないことは分かっています。
そういう人ほど「しなきゃいけないこと」のほうが多いはず。
いきなり「好きなことだけやる」「心が喜ぶことだけをする」ということを提案したいわけではありません。
「それ、心が喜んでる?」
「いや、全然喜んでない。むしろやりたくない」
という自分の気持ちを確認することが目的です。
ちゃんと自分の気持ちを確認する習慣付けをしてもらいたいんです。これもまた「心の対話」です。

自分に厳しすぎる人がこの質問を自分にすると、「こんなに心が苦しいことばかりをやっているのか!」と、いかに心が喜ぶことをしていないかを思い知ることになります。
その気づきこそが、とても大事なんです。
その気づきが「問題意識」を作り出し、「何とかしなきゃ」と思わせてくれます。
すると、今までは何も考えずに「心が喜ばないこと」をやっていたのが、だんだん苦痛になっていきます。
人は苦痛に感じることを回避したいと思うものです。
「こんなにも心が喜ばないことばかりするのはイヤだ」と思えば思うほど「好きなことや楽しいことをやる」ようになったり、「苦痛なことはやらない」ようになったりしていきます。
だから、「それ、心が喜んでる?」と問いかけるだけで自分を変えるには十分なんです。

ただ、この話を読んで「きっと私もそうだ。心が喜ばないことばかりしている」という気づきだけで終わらせないでください。

実践して"思い知る"ということをしていただきたいのです。

人は頭で理解しただけでは何も変わりません。「分かってはいるんですけどね……」という言葉で終わってしまいます。

リアルタイムで「それ、心が喜んでる？」と質問することは、実際のところは難しいもの。何も考えずに、習慣的に「心が喜ばないこと」をやってしまっているわけですから。

だから、冒頭でご紹介したように「1日を振り返る」ことから始めてみましょう。

また、思い出したときにやってみるのもいいでしょう。再確認ですが実感が伴うことから大きな変化が始まっていくのです。

Work

1日を振り返って自分が喜びながらとった行動と、そうでないものをリストアップしてみてください。

しなきゃいけないことをやるときは、自分の「褒めチャンス」

さて、「それ、心が喜んでる？」という問いかけができるようになったら、次は行動を具体的に変えていく質問をしてみましょう。

それが「それ、本当にしなきゃいけないこと？」です。

「しなきゃいけないと頭で思い込んでいるだけで、本当にしなきゃいけないことはさほど多くない」のかもしれません。

一度、1日のスケジュールを書き出してみて“見える化”してみると、その実態に気づけると思います。

やらなきゃいけないことでも誰かにお願いできたり、日付を変えたりすることができれば大丈夫なことも多いはずです。

自分の1日をスリム化すると意外と余裕が生まれます。

実際手を動かして1日の予定を細かく書き出してみることで実感できますので、ぜひやってみてください。

あるクライアントさんは、緊急事態宣言から在宅勤務になってから1日のスケジュールがめちゃくちゃになり、全然仕事に身が入らないようになってしまいました。

元々仕事がデキる人でかなりのタスクを抱えていたのですが、全然進捗しません。

そこで彼女は1日の細かい予定表を朝一番に作るようにしました。その予定表には仕事の具体的な内容（企画作成、打ち合わせ、事務処理等）だけでなく、「ランチ」「休憩」「スーパーへ買い物」「洗濯ものをたたむ」等の日常的な用事も書き込むようにしました。

スケジュールをきちんと考えてみると、彼女はあることに気づいたんです。それは「別に自分がやらなくてもいいこと、決して今日やらなくていいこと、実はそこまで急ぎではなかったことまで、予定に入れている」ということでした。

彼女は**「これまでも、やらなくていいことまで一生懸命抱え込んできたのかもしれない」**と気づいたそうです。

そして、「本当にやらなきゃいけないこと」だけを予定表に書き込んでみたら、スカスカになって拍子抜けしたそうです。実際、そのスカスカの予定通りに1日を過ごしてみても全然問題がないことに気づいたといいます。

ある主婦のクライアントさんは家事、子育て、パートに日々忙しく過ごしていました。専業主婦の彼女は朝から晩まで常に何かをしていて気が付けば1日が終わっていて、いつも「これやらなきゃ。次はそれもしなきゃ。ああ、あれやってない！」とバタバタしていたそうです。

コロナ禍によって、以前にも増して忙しくなり、夫や子どもに八つ当たりすることが増えてきたといいます。

私は彼女に、ある1日のスケジュールを細かく書き出してもらい、「ほんとうにしなきゃいけないこと？」と聞いていきました。

家庭を預かる身としてはすべてが「しなきゃいけないこと」のように思えていました。ですが、カウンセリングという客観的な場で確認されると「ちょっと難しいですね。別にこれはしなきゃいけないというより、しなきゃいけないと思い込んでいることかも」という項目がいくつも挙がってきたのです。

「子どもを習い事に連れていく」という項目も、習い事の場所はマンションのすぐ近くで、同じマンションに住む友達も一緒に通っていました。子どもは小学校4年生ですし、親が連れていかなくても大丈夫じゃないか、と思えたそうです。

「まさに自分からすすんで忙しくしているような感じですね」とそのリストを見ながら彼女は実感されていました。

とはいえ、「やらなきゃいけないこと」は、必ずあるもの。

気が乗らなくてもゴミの日には朝8時までに出さないと、部屋の中がゴミだらけになってしまいます。やりたくなくてもご飯を作らなければ、子どもたちが不満を漏らします。

前に書いた言葉を使えば**「心は決して喜んではいないけれど、やらなきゃいけないこと」は、仕事でも家事でもたくさんあります。**中には「いつもは楽しいんだけど、今日はそんな気分になれない」ということもあるでしょう。

そんなときにどうしたらいいか？　これには大きく３つ考え方があるんです。

①「今日はやりたくないんだからやらない！」と宣言しサボる。
②やりたくないことを楽しめるようにゲーム化する。
③やりたくないことをやることで自己肯定感をあげる。

この中の①については「怠け者のススメ」で紹介しましたので、②から説明していきたいと思います。

やらなきゃいけないことをゲームにして遊びながらやってしまおうという発想です。

一番シンプルな方法はタイムレースにしてしまうこと。

例えば、「何分以内にお皿を洗えたら２ポイント加算」とか「午前中にこの書類を仕上げられたら、ランチはウーバーイーツで好きなモノを！」という風にしてみるんです。

特に日常的に発生する作業だと、その結果を記録しておくことで「新記録達成！」の感動を味わえるかもしれません。

先ほどの“見える化”を応用して「やるべきことリスト」を使えば、やりたくないこともやる気になれるものです。

私はあるクライアントさんに「朝一番で、今日やるべきことリストをホワイトボードに書き出して、それを一つ一つ消していくと、進捗がよく分かるからモチベーションも上がりますよ」という提案をして実践していただいています。

「やるべきことリスト」はできるだけ細かくすると消す喜びが増えます。

さて、続いては③についてお話しします。

私は基本**「やらなきゃいけないこと」というのは「やらなくてもいい」**と考えています。

そもそも「やらなきゃいけない」と思うことは、すでに「やりたくないこと」ですから、「やらなきゃ！」と思うだけでストレスがかかります。実際にそれをやることで、さらにストレスが追加されます。

つまり、「やらなきゃいけない」と思っている時点で、とんでもなく心への負担が大きいわけです。だから、基本的にはやらなくてもいいんです。

「でも、頼める人もいないし、今日やらなきゃマズいし、自分の仕事だし……」という場合は、考え方を変えるんです。

「ほんとうはやらなくていいことをやる私って偉いよな！」と自分をべた褒めするんです。

「やらなきゃいけないことをやってる自分を褒める」ということを意識的に行っていくと、「自己肯定感があがっていく」という“おまけ”がついてきます。

なので「やりたくないことをやるときは自己肯定感をあげるチャンス！」と思い込んでみることがおすすめです。

Work

今日1日の予定を書き出してみて「やらなくてもいいこと」を削除し、「やらなきゃいけないこと」は自己肯定感をあげるチャンスとして自分を褒めまくることにしましょう。

「マイペース」とは自分をご機嫌にするルールを持つこと

大手商社や広告代理店で営業や企画の仕事をしているクライアントさんたちに「自分の気分を優先したほうが、大きい契約を取れたり、いい企画が浮かんだりしない？　追い詰められるように朝から晩まで仕事するのもいいけれど、意外とテキトーにサボりながら気が乗ったときにちゃんと働く人もいい成績上げてない？」なんて聞いたりします。

実際、彼女たちによれば「根詰めて頑張っている人も確かに成績いいけど、トップの人はだいたいいい加減というか、マイペースな人が多い。そっちの人のほうが楽しそうだし、幸せそうなんですよね」とのことです。

自分に厳しすぎる人、特に主婦をしている人をカウンセリングする場合、私はいつも「きちんと整理されてきれいな家で、体にいい食材で作られたきれいな料理を食べるよりも、ママがニコニコしてご機嫌でいる家のほうが子どもはすくすく育つし、旦那さんも癒されるよ」という話をしています。

もし、これらの話に共感できるなら、今すぐにでも気分優先で仕事に取り組んでみませんか？

いかに気分よく仕事や家事に取り組むか。

そのためには「自分の機嫌は自分でとる」ということを身につけていきましょう。

あなたは「自分のご機嫌の取り方を自由にリストアップしてください」と言われたら、何個くらい思いつくでしょうか？

「アイスを食べる」「とりあえず寝る」「友達とカフェでしゃべり倒す」「なじみの居酒屋に飲みに行く」「SNSで思いをつぶやく」「自然の中で深呼吸する」……など、何でも構いません。

常に同じ方法が通用するわけではないので、数はたくさんあったほうがいいでしょう。

例えば、私は本を書いているときに集中力が落ちてきたら無理にそこで頭をひねることはせずに一旦席を立って、自分のご機嫌を取りにいきます。

いつものコーヒーやその時ハマっているお茶を淹れたり、とりあえずソファやクッションに横になったり、一旦ベランダに出て外の風に当たったり、タイミングが合えば何かしら料理をしたり、家の周りを散歩したりします。

また、私は執筆作業のときなどはBGMをかけていることが多く、やはり好きな音楽はモチベーションの維持にすごく役立ってくれていると感じます。これは多くの人が共感できることではないかと思います。

自分に厳しすぎる人は「こうでなければならない」「これはしてはいけない」というルールをたくさん持っています。

自分で作ったルールに自分が縛られ、モチベーションが落ち始めると自分にムチを入れて頑張ろうとするものです。

しかし、それではどんどん仕事の質が落ちてしまいます。

だから、自分の気分が上がることをたくさん知っておいて、日常生活の中で手軽に実践していくことをお勧めします。

「今の自分に何を与えたら自分はご機嫌が良くなるだろう？」ということをぜひ考えておいてください。

それを実践することは自分で自分を喜ばせる、楽しませることにつながるのです。

Question

今、あなたはどんな気分ですか？　今の自分のご機嫌をとるなら何をしますか？

自分を甘やかせないなら、わざと緊張させてみる

自分に厳しすぎる人は常に緊張状態にあり、それが当たり前になっているので、そんな自分を甘やかそうと思ってもなかなか難しく感じてしまうものです。

そんなときに逆に緊張をより高め、その反動で心をゆるめる方法もあります。

これは体でも同じで、一回グッと力を入れて、一気に力を抜くことでそれまでよりもずっとリラックスできます。

では、心の場合の方法をいくつか紹介しましょう。

○タイムトライアルを行う

「この帳簿の計算を5分間で終わらせる」「3分以内に皿洗いをする」「10分以内で5人にメールの返信をする」など、今目の前にある仕事に時間制限を加えます。

仕事とは全然関係なくても、「1分間で何回腕立て伏せができるか？」といった体を動かすものでも効果的です。

○自分に敢えてプレッシャーをかける

自分に厳しすぎる人にとってはやりやすい方法かもしれません。

自分を焦らせるような、プレッシャーをかけるような言葉をかけます。
しかも、1、2回ではなく、10回、20回と過剰に自分を煽るわけです。
「今日中にこの仕事を終わらせないとヤバいぞ！」「今自分のことをみんなが注目しているぞ！」と自分に言うわけです。
場合によっては逆効果になりそうに思われるのですが、「敢えて言ってる」という意識が大事で、そうすることで逆に緊張が緩和されるものです。
元々自分に厳しすぎる人は、そうした自分にプレッシャーをかける言葉を"無意識に"発していることが多いので、この方法が効果的なのです。
「そんなに自分を追い詰めなくてもいいよ」という声が心の中から聞こえてくることもあるでしょう。
プレッシャーを与えた分だけ、心がゆるんだ時の脱力感も強くなるものです。

○「今でしょ！」作戦
かつての流行語のパクリですが、カウンセリングの中で私がよくクライアントさんにお伝えしている、有効なやり方です。
例えば、今の状況に手いっぱいになって気持ちに余裕がなくなり限界が近いよな……と思われる人に、私は「今すぐにできること」を伝えて実践してもらいます。

「このカウンセリングが終わったら会社に戻らずにそのまま海を見に行ってください」
「今日は家に帰らずに実家に行ってください。このまま新大阪から新幹線に乗って」
「今すぐお父さんに感謝の気持ちを伝えてください。じゃあ、スマホ出して」
「帰りに百貨店に寄って『服を見立ててください』と店員さんにお願いして！」

もちろん、全員にこんな圧をかけるわけではありませんが、カウンセリングを受けて、**一番モチベーションが上がっている「今」の気分こそ、自分を変えるチャンスなのです。**

極端な要求に思われるかもしれませんが、「頭の中で薄々やったほうがいいと分かっているけれど、やるきっかけがつかめないこと」がほとんどなのです。

あなたも「やったほうがいいな、と思っているけど、なかなかできていないこと」がありませんか？

もちろん、それは上に挙げたような大きなチャレンジでなくても構いません。

「前からクローゼットの整理整頓をしたいと思ってるけど……いつやるの？　今でしょ！」

こうして敢えて自分にプレッシャーをかけて行動を促すことで、実際にクローゼットの整理だけでなく、そこから達成感や充実感が味わえたり、不思議と緊張がゆるんだり、滞っていた人生が動き出したりするのです。

Work

あなたは今、何をしますか？　一旦本を閉じて、
それを実践して効果を実感してみてください。

自分のミスを
クスッと笑ってみる

あなたは最近、いつ笑いましたか？

子どもは1日に数百回笑うそうですが、大人になるとその10分の1くらいに減ってしまうそうです。声をあげて大笑いするなんてしばらく記憶にない、という人も珍しくないでしょう。

自分に厳しすぎる人が間違いを犯したり、失敗したりするとこれ幸いと猛烈に自己攻撃をしてしまうものです。

そして、その失敗を引きずり、その間もずっと自分を責め続けます。

特にこのコロナ禍においては日常生活の緊張度がより高まっているので、なおさら倦怠感や疲労を強く感じている人も多いと思います。

私はカウンセリングの宿題として「吉本新喜劇を10本以上見ること」とか「お笑い芸人のYouTubeを毎日チェックすること」などを出すことも少なくありません。

もちろん、お笑い芸人にこだわらなくても、コメディ映画や漫画を読んでもいいのでしょう。

日常生活に笑いを採り入れることは、自分をゆるめ、甘やか

すためのシンプルかつ最高の方法だと思っています。

友達とくだらない話をして笑ってもいいですし、一緒にいる誰かを笑わしても構いません。

私の師匠は「心理漫談家」と言われるほど笑いにこだわっている関西人でした。そのせいか私自身セミナーやカウンセリングに笑いは必須だと思い込んでいるところがあります（セミナーに参加している関西人も、当たり前に笑いを求めているところがあると思います）。

だから、自分が主催するセミナーでも「いかに参加者に笑ってもらうか？」を心理学の内容以上に真剣に考えています。「すごく勉強になった」と言われるよりも「すごく面白かった」と言われるほうがずっと達成感を覚えるものです。

笑いについて、もう少しステップアップした方法をご紹介しましょう。

それは自分の失敗エピソードを笑いに変えることです。

しかし、「自分には笑いのセンスなんてない」とか「自分はマジメだからなかなか人を笑わせるのは苦手」とか「自分は面白くない人間だから笑いにコンプレックスを感じている」などと思うかもしれません。

私もクライアントさんから「お笑いは関西の人のものって思ってしまって自分には縁のないものに思える」と言われたことがあります。

もちろん、「芸人になりましょう！」とか、「友達を大笑いさせましょう！」という高度なレベルを求めているわけではありません。

自分でも自分のミスにクスッと笑えるようになることは、それだけ心に余裕があり、また、そのミスを責めていない（＝自分を許している）証になります。

芸人さんがネットやテレビで披露してくれる笑い話の中には自らのミスを笑いに変えたものが少なくありませんね。よくよく冷静に聴けばすごく悲惨な体験も場を大笑いさせる話に変換されていたりします。

「人生最大の悲劇は、人生最大の喜劇になる」

つまり、悲劇だと思われたできごとは同時に喜劇にも変換できるのです。

もちろん、いきなりあなたの人生で最大の悲劇を笑いに変えるのは難易度が高いと思いますので、まずは日常的な些細な失敗を自分でクスッと笑えるように変換してみませんか。

自分の失敗を笑いに変えるにはまず、その状況を客観視する必要があります。

自分に厳しすぎる人は自分を客観視すると、自然と自分に対するダメ出しを始めてしまうと思いますが、そこを意識的に止めて、その失敗を「芸人さんがしたかのように」見てみます。

失敗したのが自分ではなく、その芸人さんだと思えた分だけ、その行動がコミカルに見えてきます。
けれど、まだそこでは自責の思いがあるので、笑うよりも惨めな気持ちになるかもしれません。

そこで、次の仕掛けは「芸人さんがどんな風にその失敗を笑いに変えるのか？」を想像してみるんです。これは難しいように感じるかもしれませんが、実は想像している時点で目標はほぼ達せられています。
つまり、**実際に自分の失敗を笑いに変えられなくても、笑いに変えようとする試みそのものが心に余裕を作り、自分をゆるめてくれるのです。**

日常的に意識し始めると、おそらく日常生活のあちこちに笑いの要素を探すようになっています。
「あ、これって面白いな」というできごとを見かけたり、ちょっと変わった人を見つけたり、猫の変な仕草にクスッと笑ってしまったり、という風にです。
あなたがそのような状態になる頃には笑顔がかなり増えているはずですし、実際に笑っていることも増えているでしょう。
それは厳しすぎる自分が影を潜め、楽で、ゆるい自分が誕生していることを表しています。
そして、自分の失敗を笑いに変えようと意識するようになった分だけ自己攻撃も相当減っているはずです。

そういう意味で自分の日常の些細なミスを笑いに変えようとする試みを意識してみることをお勧めしたいのです。

Work

あなたの最近のちょっとした失敗エピソードを、どうしたら「笑い」に変えられるか考えてみましょう。

心がギチギチしたときこそ遊んでみよう

遊び心は心の余裕であり、ユーモアであり、日常に潤いをもたらす秘訣です。仕事でいっぱいいっぱいのとき、子育てで心身ともに疲れているときって遊び心なんて思いつかないかもしれません。

だから、今まさにそんな状態の人にとってはすぐには役立たないやり方なので、少し余裕ができたときに読み返していただければ幸いです。

ファッションが好きな人は服やアイテムを選ぶ際にちょっとした遊び心を採り入れているかもしれません。料理が得意な人は盛り付け方やお皿の選び方に、インテリア好きな人も部屋の一部に遊び心を採り入れているでしょう（私はほぼ毎日ブログで発信していますが、飽きずに最後まで読んでいただけるよう、遊び心をできるだけ採り入れるようにしています）。

そこで考えていただきたいのですが、**オフィスのデスク、あるいは、自宅の仕事場の上にちょっとした遊び心を採り入れるとしたら、あなたはどんな工夫をするでしょうか？**

かわいい文具を揃えるもよし、お気に入りの風景を飾るもよし、引き出しの中に好きなモノをひっそり仕込むのもよし。

ある車好きなクライアントさんは、車のメーターのようなデザインの時計や車載用のドリンクホルダー、クラシックカーの形をしたペン立てなどをデスクに置いているそうです。

自然が大好きな人はデスクの上に小さいプランターを置いて稲を植えたと言っていました。

海外が好きなある奥様は調味料入れを、フリマアプリで手に入れた外国の瓶で統一したり、海外の紙幣や地下鉄マップをキッチンの壁に貼ったりしているそうです。

遊び心というのは、ちょっとクスッとできたり、ホッとして和んだり、ほんの少し楽しい気分になったりする工夫を日常に採り入れることです。

先ほど余裕があると遊び心が採り入れやすいと言いましたが、逆に、**意識的に遊び心を発揮することで心に余裕を作ってくれる効果もあります。**

たとえば、子どもは何もなくても、その場で遊ぶことができます。砂場で山を作ることも、地面に枝を使って落書きをするのも、柱の周りをぐるぐる回るのも、「楽しみたい！」という欲求がそのアイデアの基になります。

でも、大人になるにつれてだんだん遊び心を忘れてしまう人も多いものです。

特に自分に厳しすぎる人は、遊びよりも頑張ることを優先させてきた人が多いので、なおさらかもしれません。

つまり、**遊び心を発揮するのは別にモノを買わなくてもできるものなんです。**

どこかに出かけた帰り道、いつもと違う経路を選んでみたり、入ったことがないショップに寄ってみたり、前から気になっていたレトロな喫茶店に入ってみたり……。

スマホの待ち受けやパソコンの画像に変な画像を貼って遊び心を加えることもできますよね。とにかく日常のあちこちにその余地はあるものです。

「今日を面白くしよう」とか「今を楽しもう」という意識を持ってみると、ちょっとした遊び心を持つことができるようになります。

何も予定のないオフタイムにぜひ実践してみてください。もちろん、すぐにアイデアが浮かぶわけではないと思いますので、しばらくはボーっとしながら考えてみてください。

そのアイデアを考えること自体が遊び心を持つことにつながります。

そのために次のようなエクササイズを提案することもあります。

①自分が好きなことをカード１枚につき１つ具体的に書く。
② 100 枚ほどそのカードを作っておく（単語帳で十分）。

③予定のない日の朝、カードを１枚引き必ずその通りにする。

そんなゲーム感覚で日常を楽しめるようになると自分に厳しすぎる姿は少し過去のものになっていくでしょう。

まずはその第一歩を踏み出してみてください。

Work

本を閉じて「自分ならどこに遊び心を採り入れるのか？」を想像してみてください。出てきたアイデアをスマホなどにメモして“24時間以内”に実践してみてください。

思いついた「わがまま」は外に放っていい

「もし、パートナーに対して今、自己中心的になるとしたら何をしますか？　何て言いますか？」
「もし、職場で『わがままになること』という指令が下ったら、あなたは何をしますか？」
「もし、周りの人に対して自己中心的な態度を取るとしたらどんなことをしますか？」

カウンセリング中、自分に厳しすぎる人にそんな質問をすることがあります。

もちろん、すぐに答えが出る人もいれば、なかなかアイデアが浮かばない人もいます。

自分に厳しすぎる人は、自分に対しては鬼教官になってビシバシやっているのに、他人に対しては甘く振舞いがちです。

そうした意識は時に「自分さえ我慢すればいい」という犠牲的な思いだけでなく、嫌われるのが怖くて他人に寛容にならざるを得ない心理の表れでもあります。

表面上はそれで丸く収まっても心の中には不満や怒りが溜まることになります。

それで、そんな質問をカウンセリング中に投げかけることになるんです。

あるクライアントさんがいつも抱えきれないほどの仕事で埋め尽くされていました。彼に「職場ですごくわがままになるとしたらどうする？」って聞いてみたんです。

そうしたら「『俺にばっかり仕事を振るなー！』って叫んで、仕事をボイコットする」という回答でした。

また、子どもを抱える専業主婦のクライアントさんは、子どもたちだけでなく、ご主人も何かと自分に頼ってくるのでいっぱいいっぱいになっていました。

そんな彼女に同様の質問をしたら「もう『ママ、ママ！』って、うるさい!!　もっと自分で何とかして！　ママにばっかり頼らないで！」と言うそうです。

もちろん彼らは自分に厳しすぎる人だったので、「自分に能力がないから仕事をこなせないだけ」とか「専業主婦なんだからみんなの面倒を見るのが当たり前」と思い込んでいました。

でも、話を聞いていれば実際は真逆で、仕事がデキるからたくさん回されるのだし、頼れるママだからこそ、家族が自分に甘えてくるんです。

彼らはそんなこととはつゆ知らず、いつも自分を責めていました。

もし、あなたに甘えてくる人や何かとワガママな態度を取ってくる人がいたら、「今、自分はもっと自己中心的になってワガママになって甘えたほうがいいんだ。この人たちはそれを私に教えてくれているんだ」と解釈してみてください。これで少し心の中に許可が下ります。

とはいえ、いきなりそんな人が自己中心的になるなんて難しいですよね。

だから、まずは自己中心的に過ごすためのレッスンを一人の時にしてみます。

オフィスに出勤されている人には「帰り道に自己中心的になるとしたら何をするか？　を考えて実践してください」とお願いします。

専業主婦や在宅勤務の人には「休憩時間を、自己中心的になることを許す時間に充ててください」とお願いしています。

自分に厳しすぎる人の中には「他人に迷惑はかけたくない」と思っている人も多く、なかなか今の人間関係の中で実践するのも難しいし、オフタイムだからと言って他人に迷惑をかけることはなるべく避けたいと思うはずです。

だから、一人でできることで自己中心的な態度を取ってみることを考えてみるんです。

さて、どんなアイデアが浮かぶでしょうか？

「何もせずにゴロゴロする」「晩御飯はウーバーイーツで済ませる」「家事を一切やらない」「ちょっと割高なお店でテイクアウトする」「いつもは買わない高いワインを買う」「服屋さんで試着しまくる」「デパ地下に寄って試食しまくる」「駅からタクシーで家に帰る」「マッサージのロングコースを受ける」……などが浮かぶでしょうか。

でも、**これは自己中心的でもワガママでもなく、ちょっとした贅沢だったり、自分へのご褒美だったり、何もしないことを許すことだったりなんです。**けれど、自分に厳しすぎる人にとっては「自己中心的」とか「ワガママ」という意識を持つことによってようやく許可できることなのかもしれません。

こうした意識を持つことでだんだん他人に対しても（自分にとっての）自己中心的な態度やワガママな発言ができるようになっていきます。

先ほどのビジネスマン。彼は仕事量がオーバーしてきたら「ちょっと無理です」と依頼を断ることができるようになりました。でも、周りからは失望もされなかったし、否定されることもなかったし、むしろ、理解を示されることになりました。

また、先ほどのママは子どもたちから「いつもママに甘えてばかりでごめんね。大好き！」というかわいいお手紙を頂戴し、ご主人は進んで家事を手伝ってくれるようになりました。そして、「ママの休日」も確保することに成功しました。

敢えて「自己中心的になるぞ！」と思い、出来る範囲で実践してみると心がゆるみ、それが周りの人間関係にもいい影響を与えるようになるのです。

Work

これを読んだ瞬間から「自己中心的になる時間」のスタートです。さあ、あなたはどんなことをしますか？

人に迷惑をかけた分だけ、感謝すればいい

周りの迷惑を考えて一人抱え込むことの多い人にお勧めする座右の銘があります。

自分には厳しすぎる態度を取る一方で、周りの人には優しく、迷惑をかけないように、困らせないようにふるまってしまう人にはすぐにでも口にしてもらいたい言葉です。

それが「人の迷惑顧《かえり》みず」です。

この言葉を座右の銘にしても、自分の心が楽になるだけで、実際に人に迷惑をかけることばかりするようにはなりません。何も心配はいりません。

むしろ、行き過ぎた部分を「ふつう」に戻す効果があるものです。

そもそも「人に迷惑をかけてはいけない」という価値観は、私たちの行動に制限をかけるものです。

何が迷惑かは相手によって違いますよね？

同じことをしても、それを迷惑に感じる人もいれば、そうでない人もいます。

何が迷惑になるかは相手が決めること。

だから、自分でそれを決めてしまうのは自分を委縮させるこ

とにしかなりません。

「人に迷惑をかけてはいけない」という思い込みは、あなたの心の中に「他人軸」を作ってしまうのです。

私はそういう価値観もあることを認めた上で、「人が生きていく上では他人に迷惑をかけないことなんてありえないと思うんです。特に自分のやりたいことを実現させるためには……。だから、迷惑はかけるものだから、そのときに素直に感謝できたり、お願いできたり、謝ることができたりするほうが、いい人間関係が築けると思うんです」とお伝えしています。

あるクライアントさんは自分がどうしてもやりたい仕事があり、そのために安定している大企業を退職したい旨を、奥さんに伝えました。

「僕のわがままを許してほしい。ほんとうにやりたいことが見つかって全力でぶつかりたいんだ。家族には迷惑をかけるかもしれないが、精いっぱい頑張るからどうか認めてほしい」

そう頭を下げたのです。

奥さんは最初びっくりした顔をしたそうですが、すぐに「そこまでやりたいことが見つかったんなら思い切り頑張って。家のことは私が何とかするから」と笑顔で言ってくれたそうです。

もし、彼が「人に迷惑をかけてはいけない」という思いに縛られていたら、家族のために夢をあきらめていたかもしれません。

　それは彼にとっても、そして、家族にとっても幸せなことなのでしょうか？

Work

「人の迷惑顧みず」を声に出して10回言ってみてください。もし、心の中で抵抗が出てきたり、罪悪感が湧いてきたりするなら、この言葉があなたにすごく必要な証です。

怒りを感じることに戸惑わないで

自分に厳しすぎる人の多くに共通する感情、それは「怒り」です。

自分の心の中にいっぱい怒りが溜まっていると言われてどんな気分がするでしょうか？

そもそも自分に厳しくするためには怒りが必要です。怒りで自分に罰や苦しみや制限を与えているわけですから。

他人に対しては笑顔で温和で平和な態度を取っていたとしても、自分自身に対しては怒り心頭に発していないでしょうか？もちろん、それは自分に対する怒りも大きいのですが、実はそれと同等、いや、それ以上に他人に向けての怒りも大きいのです。

この真実を受け入れるのはちょっと抵抗があるかもしれません。

けれど、自分に厳しすぎる人の思いを聴いていると、「自分が悪い、自分のせいだ、自分が未熟だからだ、自分がダメだからだ」と自分を責める一方で、相手に対する怒りや不満も相当溜まっていることに気づかされるのです。

自分に厳しすぎる人の中には他人に対して怒りを持つことを

許せない人も少なくありません。

「こんな自分が他人に怒りを持つなんて何様のつもりだ！」

「そんな他人を傷つけるような感情を持つなんて未熟すぎる」

けれど、怒りも感情の一つですから、感じるときは感じてしまうのです。

それを否定したり、隠したりして認めないことは、その怒りを心の中に溜め込むことになるのです。

しかも、怒りとやる気は同じエネルギーです。怒りを禁止するとやる気まで失ってしまう特徴があります。だから、怒りはすごく大事なエネルギーです。

バイタリティがあってイキイキしている人は、よく何かと怒っていませんか？

だから、クライアントさんに敢えて「怒り」を出すための課題に取り組んでいただくことがあります。

それを「御恨み帳」と言います。何度か別の本でもご紹介しているのでご存じの人もいるかもしれません。

まずは、ノートを用意します。ふつうのノートで構いません。もちろん、使いかけのものでも大丈夫です。スケッチブックとかコピー用紙でもいいでしょう。

そこに怒りを吐き出していきます。**ただ感じるままに自分の中にある怒りなどの感情を書いていくのです。**

しかし、すぐにはうまくできない人も多いと思います。怒りを禁止している人ならなおさらです。

だから、まずは身近な誰かを思い浮かべます。パートナーとか親とか子どもとか同僚とか上司とか……。そして、その人に対して怒っていること、不満を感じていることをそのノートに書き出していくのです。

できれば、少しオーバーに書いたほうがいいでしょう。

誰に見せるものでもありません。放送禁止用語だろうと羅列してオーケーです。感情のおもむくままに怒りの言葉を書き出しましょう。

怒りを許せていない人ほど、この作業に抵抗が強く、全然うまく書けなかったり、書き始めても罪悪感や嫌悪感が強くて続けられなかったりします。

でも、そういう人は怒りがないのではなく、怒りを感じることを禁止しているだけなのです。

しばらく根気強く続けてみてください。

そうすると徐々にスムーズに怒りが出せるようになります。

この御恨み帳は、ほんとうにたくさんの人に実践していただいています。

心がスッキリしたり、気分が晴れたり、胸のつっかえが取れたりするなどの効果はもちろん、相手に対する感謝や愛情を感じられるようになって関係性が改善したりするお話も聞きます。

また、相手に対する気持ちがはっきりして距離を置けるようになったり、我慢や犠牲がなくなったりするなど、ほんとうにたくさんの効果があります。

御恨み帳の書き方や疑問への回答については私のブログをご参考ください。「根本裕幸 お恨み帳」で検索しても出てきます。
URL：
https://nemotohiroyuki.jp/everyday-psychology/15692

Work

怒りを留めることなく、誰にも見せない御恨み帳を書いてみましょう。

二言目には「助けて」と言えるように

　自分に厳しすぎて、自分を甘やかすことが難しい人に質問です。
　誰かに頼むくらいなら自分でやったほうが早いと思っていますよね？
　人に頼ることが、すごく苦手ですよね？
「これくらいのことを誰かにお願いするのはいけないこと」と思っていますよね？
　そして、自分が限界だということはとっくにお気づきではないでしょうか？
　このままではヤバいということは分かっていますよね？
　そんな自分に厳しすぎて周囲に頼ることが苦手な人にお勧めのトレーニングを紹介します。手軽なワークというより、少しだけ努力が必要なトレーニングです。

　防音性の高いご自宅、あるいは誰にも聞かれる心配のない場所にいるならそのままそこで実践してください。そうでない人は枕かクッションを口元に当ててください。
　そこで、お腹に力を入れて「助けてー‼」と叫んでみてください。

たぶん、一度だけでは全然声が出ていないと思いますので、さっきよりも大きな声でもう一度「助けてー‼」と叫んでみてください。

たぶん、まだまだ声が小さいと思います。さらに大きな声で「助けてー‼」と叫んでください。

お腹から声は出ましたか？

そうしたら、きっと「助けて」以外の感情が動き始めていると思います。

「しんどいー！」

「無理だ！　もう嫌だ！」

「もうダメだ！　もう一人で頑張るのはイヤだ！」

「寂しい‼」

こんな感情があふれてきませんか？　場合によっては涙がこぼれて嗚咽《おえつ》してしまうかもしれません。

ちなみにこれらの言葉は、私のセッションで実際にクライアントさんが叫ばれた言葉です。

自分に厳しすぎる人の辞書には「助けてもらう」という項目が抜け落ちています。

だから、限界を超えていても一人で頑張ってしまいます。

一人で頑張ってしまうのには、「自分でやったほうが早い」「他人に迷惑をかけてはいけない」「これくらいは一人でやらねば」などの気持ちがあります。

だから、人に助けを求めるのはダメなことじゃないよ、と自分に教えてあげるために「助けてー！」と叫ぶんです。

それと同時に、一人で抱え込むことによって心の中にずっと溜め込んできた感情を解放します。

感情を解放することがなぜ大切なのでしょうか。

心の中に溜まった感情を吐き出すことで、心に余裕が生まれます。余裕が生まれると心が軽くなったり、視界が開けたり、目に見えるものが色鮮やかに見えたりします。

そして、楽しい気分、ワクワクする気分、うれしい気分などを感じやすくなります。

そして、その余裕が新たな行動を生んだり、新しい価値観を受け入れたり、今までと見方を変えたりすることができるようになるのです。

つまり、自分に厳しすぎる人が内なる感情を解放すると、心がゆるむだけでなく、自分を上手に甘やかしたり、自分を大切にしたりできるようになりますし、幸せも感じやすくなるのです。

もうお気づきかと思います。

このトレーニングは実際に誰かに助けを求めるものではありません。

「誰かに助けてもらってもいいんだ」という許可を自分に与えて、それによって感情を解放することが目的です。

感情を解放するという意味では前項の御恨み帳に似た効果があります。

ただ、このトレーニングを何度かやってみると「助けを求めてもいい」という許可がどんどん心に浸透していきます。そして、何かの折に人に頼めたり、助けを求めたりできるようになっていくでしょう。

Work

今日は「助けてー!!」と叫んでみましょう。そして、そこで出てくる感情を全部吐き出してください。

「人に頼る・お願いする・甘える」を使命とする

自分に厳しすぎる人は、誰かに頼ったり、お願いしたり、甘えたりすることをずっとタブーとしてきています。

だから、それを自分に許可しようとしてもなかなかすぐにはできないケースも多いです。

誰かに頼りたい自分を厳しく否定してきて、誰かに甘える人を嫌ってきたのですから無理もありません。

だから、まずは「頼っていい、お願いしてもいい、甘えてもいい」という許可を自分に出す必要があります。

そこであなたに考えていただきたいのは、それらの「理由」です。

「私が人に頼ってもいい理由」
「私が人にお願いしてもいい理由」
「私が人に甘えるべき理由」

これらの理由を私なりに説明してもいいのですが、ここはぜひご自身で自分が納得できる理由を考えてみてください。

おそらく、今までは無意識にこの逆を考えてきたと思います。そのせいで、「人に甘えてはいけない理由」といったことばかり答えが出てきやすいかもしれません。それに負けず、「人に甘えていい理由」を考えてみましょう。

理由が出たら終わりではありません。

今度はその理由が正しい証拠を探してください。やはり、自分が納得できる証拠を、です。

これも今までは逆のことをしてきませんでしたか？

「人に頼ってはいけない証拠」「人に甘えてもロクなことがない証拠」ばかりをかき集めてきたかもしれませんが、それと逆のことをやるのです。

さて、その証拠を見つけたところで終わりかというと、あと一歩です。

次は、その証拠をもとに、「人に甘えていい理由」を立証してみてください。

それが真実であると、行動で示してみてください。

すると、**あなたは誰かに頼ったり、お願いしたり、甘えたりしなければならなくなります。**

頼ってもいい理由を考え、その証拠を見つけたあなたであれば、行動するハードルは少し下がっていることでしょう。

いきなり高いハードルを飛ぶのは危険ですから、できそうなところから始めてみるといいでしょう。

「人に甘える方法を、自分自身で考える」というのは、ちょっと矛盾した話のように見えます。しかし、これは自律的に問題を解決していくためのアプローチです。

もちろん、「例えばこういう風に考えた人はいますけどね」と助け船は出しますが、あくまでクライアントさん自身が納得する答えを出してもらうのです。

骨の折れる作業ですが、自分で気づいたり、自分が出した答えに自分が納得したりすると、苦笑いしながらも受け入れざるを得ませんし、実践するほかありません。

Work

「甘えていい理由」を、まとまった時間が取れたときに自分で考え、自分が納得できる答えを導き出してみてください。これができると大きく自分が変わることが実感できるでしょう。

幸せは「勘違い」が作ってくれる

「幸せって何だろう？」

本書の最後に、幸せについて考えてみたいと思います。

自分に厳しすぎる人の幸福度はとても低いことは、薄々（どころかしっかりと）あなたも実感していることでしょう。

「周りから見れば幸せな状況のはずなのに幸せを感じられない」「十分恵まれていると思うけどイマイチ幸せじゃない」という声を私はとてもよく耳にします。

「自分が幸せを感じていなかったら、幸せじゃないんだよね」と私はお答えします。

「幸せかどうかは自分で決めること」です。誰かが決めてくれるものではありません。

そして、「幸せは感じるもの」です。**頭で分析して「今の自分は幸せだ」と結論付けても心が納得していなければ苦しいでしょう。**

そして、「幸せは、自分を甘やかしているときに感じられる」というものです。

自分に厳しすぎる人は完璧を求めたり、理想を追い求めたり、今の自分にムチを打って頑張ろうしたりしてしまいます。

言い換えれば「完璧な幸せ」や「理想の幸せ」、そして「頑張って幸せになる」ということになります。

果たしてそのような幸せって存在するでしょうか？

「美味しいスイーツを頬張ったとき」

「あったかいお風呂に浸かったとき」

「お布団に潜り込んだとき」

「気の置けない友達とおしゃべりをしているとき」

「好きな焚き火をしているとき」

……日常の中でちょっとした幸せを感じる瞬間を想像してみてください。気持ちがゆるんでいるときではないでしょうか？

このとき、あれやこれやと自分に厳しくしていないし、何か違うことを考えてもいません。

ただ、今、そこにある瞬間に喜びを感じ、安心し、うれしい気分になり、今を楽しむことができます。

それを「ああ、幸せだなあ」と感じるんだと思います。

つまり、自分を甘やかすことができない人は、緊張状態にあるとき、幸せを感じられません。

自分が笑顔になれることをしたり、何かを楽しんだり面白がったりすることが、幸せを感じる方法ということになります。

そう、もっと自分を甘やかしていいんです。
そうすると心がゆるみ、幸せを感じられるようになります。

自分の心がゆるんでいるとき、細かいことを気にしなくなります。それは、まるで頭のネジが数本抜け落ちて何に対しても寛容になれるとき……誤解を恐れずに言えば「なにもかもどうでもいいと思えるとき」です。
でも、自分に厳しすぎる状態にあると「どうでもいい」とは思えません。

大げさに言えば「幸せは、勘違い」なんです。
やるべきことがあり、心配事も尽きず、不安や怖れもあり、考えることがいっぱいある毎日。そのなかで、それらを「どうでもいい」と思うには、「勘違い」をしなければいけません。
「アホにならないと幸せは感じられへん！」ということなのです。

自分をゆるめるのも、楽しむのも、面白がるのも、笑うのも、アホにならないとなかなか難しいんです。アホになるということは、頭のネジを何本か飛ばすことであり、勘違いすることです。
自分に厳しすぎる人を卒業して幸せな人になるためには、アホになり、勘違いすればよい、という結論に至るのです。

「自分に厳しすぎる自分」を「ゆるゆるな自分」に変えていくには少し時間をください。

自分を甘やかしてゆるめていくと、勝手に心に隙間が生まれてアホになり、「ああ、幸せだなあ」と感じられる瞬間が増えていきます。

ずーっと幸せを感じ続けられたら最高ですが、いきなりそうはなりません。

あせらず、ゆっくりです。

幸せな時間が日常の中に少しずつ増えていき、「ああ、なんか自分って、いま幸せだよな」とにんまりできるようになるのです。

ぜひ、そんな日を迎えるためにできることからゆっくり始めていきましょう。

Work

アホになった自分を想像してみてください。それだけでふしぎと楽しく、面白く、幸せな気分が舞い込みます。

Profile

根本裕幸《ねもと ひろゆき》

心理カウンセラー。
1972年生まれ。1997年より神戸メンタルサービス代表・平準司氏に師事。2000年、プロカウンセラーとしてデビュー。
2003年から年間100本以上の講座やセミナーをこなす。
2015年4月独立。フリーのカウンセラー／講師／作家として活動を始める。現在は東京・大阪・オンラインを中心にセミナーやセッションを行っている。個人向けセッション、各セミナーはキャンセル待ちが続く。「どんな状況でも安心、希望、笑顔を与えられる存在でありたい」という思いから、論理的ながら軽妙な語り口でカウンセリング、セミナーではいつも笑いを絶やさない。
『人のために頑張りすぎて疲れた時に読む本』（大和書房）、『いつも自分のせいにする罪悪感がすーっと消えてなくなる本』（ディスカヴァー・トゥエンティワン）、『敏感すぎるあなたが7日間で自己肯定感をあげる方法』（あさ出版）をはじめ、ベストセラー多数。

今日《きょう》こそ自分《じぶん》を甘《あま》やかす

2021年12月20日　第1刷発行

著　者　根本裕幸《ねもとひろゆき》
発行者　佐藤靖
発行所　大和《だいわ》書房
東京都文京区関口1-33-4　〒112-0014
電話 03-3203-4511
装　丁　西垂水敦・松山千尋（krran）
本文印刷　厚徳社
カバー印刷　歩プロセス
製本所　小泉製本

ISBN978-4-479-79758-6